孙子妙语论管人

谭晓明◎编著

中国华侨出版社

·北京·

图书在版编目 (CIP) 数据

孙子妙语论管人 / 谭晓明编著 .—北京：中国华
侨出版社，2012.9（2024.7 重印）
ISBN 978–7–5113–2762–8

Ⅰ .①孙… Ⅱ .①谭… Ⅲ .①《孙子兵法》– 应用 –
管理学 – 通俗读物 Ⅳ .① C93–49

中国版本图书馆 CIP 数据核字（2012）第 180865 号

孙子妙语论管人

编　　著：谭晓明
责任编辑：唐崇杰
封面设计：周　飞
经　　销：新华书店
开　　本：710 mm × 1000 mm　1/16 开　　印张：12　　字数：136 千字
印　　刷：三河市富华印刷包装有限公司
版　　次：2012 年 9 月第 1 版
印　　次：2024 年 7 月第 2 次印刷
书　　号：ISBN 978–7–5113–2762–8
定　　价：49.80 元

中国华侨出版社　北京市朝阳区西坝河东里 77 号楼底商 5 号　邮编：100028
发 行 部：（010）64443051　　传　真：（010）64439708
网　　址：www.oveaschin.com　E－m a i l：oveaschin@sina.com

如果发现印装质量问题，影响阅读，请与印刷厂联系调换。

  《孙子兵法》是世界上最早的兵书之一，是中国军事文化遗产中的瑰宝，在中国乃至全世界都被奉为兵家经典、"百世谈兵之祖"。

  三国时的枭雄曹操是为《孙子兵法》作系统注解的第一人，从此为后人研究运用《孙子兵法》打开了方便之门。公元600年左右，《孙子兵法》被译成多种语言，开始在世界各国传播。它最早流传至日本，引起了广泛关注，随后又被带到东南亚以及西方各国。如今，在日本，便有不少研究《孙子兵法》的学会、协会和俱乐部。在1772年的法国翻译版《孙子兵法》中，其扉页上更是写道："凡欲成为军官者，都必须接受以本书为主要内容的考试。"

  时至今日，它博大精深的内容、缜密的逻辑、深邃的思想，已经延伸到自然科学、哲学、政治学、外交学、成功学等各个领域，在世界上广为传播，更是在政治界、商界得到了广泛的运用。

  事实上，《孙子兵法》讲的虽是带兵，实质则是一种博弈，它的思想已然超越了军事应用，对政治、经济、商业以及人事管理等方面都有着极其重要的指导作用。由此可见，《孙子兵法》早已不能简单定义为一本古人行军打仗的读本，它所蕴涵的诸多智慧都是值得我们借鉴和学习的。许多成功人士大都将自己的成绩归功于《孙子兵法》的启发，这一点根本无须惊讶。

《孙子妙语论管人》一书，同样是对孙子智慧的一种解读和延伸，我们的主旨在于将战争智慧变为社会智慧，将历史智慧变为现实智慧，以实现读者朋友在管理工作中游刃有余的良好愿望。

本书以孙子的经典格言、卓绝智慧为基础，联系现代管理中遇到的难题，辅以经典案例，透过全方位的视角，对员工管理要点做出了最新的解读。它言简意赅、通俗易通，实为管理人士必备的实战手册。

翻开本书，相信它不仅可以启迪你对人生的正向思考，更可以让你的领导艺术日趋完善。我们解读的是经典的智慧，送给读者的将是人生的精彩！

第一篇

"始计"说"管人"

胸怀大智安天下

第二篇

"作战"说"管人"

行如疾风动如电

第一篇

"始计"说"管人"
胸怀大智安天下

做事先做人，做人先修心。修养是一个人立足于社会的根本，做人倘若连起码的道德修养都成问题，做起事来不顾礼义廉耻，只图自己的一时之利、一时之乐，那么即便暂时能够侥幸得到些什么，也终究会得不偿失。因为得到的是不义的利益，失去的却是弥足珍贵的人心。

领导者需言而有智

　　孙子认为，作为一个团队领袖，必须要有智有谋，亦如他所说："夫未战而庙算胜者，得算多也。"那么，一个人智慧的最直接反映是什么呢？没错，就是说话。要想成为一个合格的领导者，我们首先就要在说话上下一番工夫，要做到"话中有话""言而有智"，用话语征服下属的心。领导与部下谈话，是领导艺术中的一门必修课。对于领导者而言，讲话绝不是想到什么说什么，它必须以一定的目的为基准，以达到我们想要的效果，即所谓策略性的讲话。

　　策略性的讲话要求我们认真掌握下属的心理特征、脾气秉性、语言习惯及职业年龄等各项因素，因人而异，采取不同的说话方法，进而实现沟通的良好性、奏效性。

　　大体上说，倘若员工在说话时，较倾向于谈论自己，包括其个人经历、性格爱好、对外界事物的观点、态度等，那么，他便属于外向型员工，这种类型的人情感丰富又强烈，有较重的主观意识，喜欢自我表现，或许还带着一点虚荣。还有一些员工，想到什么就说什么，情绪容易冲动，这类人性格多急躁。那些性格直率、反应敏捷、活泼好动的员工，性格亦开朗，这类人比较容易交往。跟这类员工讲话时，可以比较直接和坦率，不用顾虑太多。

与之相反，倘若员工对自己的经历、性格爱好、对于外界的观点与态度等三缄其口，说明这个人属于内向型员工，情感淡泊，主观意识薄弱，内心倾向于保守，或许有点自卑心理，又或许城府颇深。对于前者，领导与他们交谈时，要讲究方式方法，特别要注意表达得委婉点，语气柔和些。因为内向、自卑的人心理往往非常敏感、脆弱，极容易感受到伤害。如果领导讲话方式不当，他们的情绪会受到影响，然后工作效率自然也受到影响。对于城府较深的人，与他们讲话时尽量采用迂回方式，需要跟他们斗一下智。

另有一类员工表现欲超强，甚至常口出狂言、自吹自擂，这类人往往非常自负，好为人师。这种属于"刺儿头"类型，与他们谈话时需要体现恩威并济思想，既适当赞扬他的能力，又要抓住时机点醒他。

了解了不同员工的个性表现，管理者便可依据其心理特点，具体分析、区别对待，采取他们喜欢的说话方式加以引导，他们自然会乐于接受。这里有一个非常著名的案例，大家不妨借鉴一下。

案例陈列

二战期间，美国因参战亟须增加兵力，但多数美国青年惯于安逸，担心性命有失，拒绝响应政府号召。为此，俄亥俄州地方行政长官已被参谋长联席会议主席当众痛训了 5 次。

他为自己辩解说："我已经想尽一切办法，说得口干舌燥，但那些懦弱的青年就是不肯应征！"正当他焦头烂额之际，有人向他介绍了一位出色的心理学家。这位心理学家略作准备，便信心十足地来到募兵现场。他先是沉默了 5 分钟，然后用浑厚的男中音对台下嘈杂的青年说道："亲爱的孩子们，我与你们一样，非常珍惜自己的生命。"青年们见他颇有学者之风，说话又中肯，便逐渐安静下来。

"热爱生命是无罪的，因为，我们每个人只有一次生命。凭良心说，我同样反对战争、害怕死亡，如果要我去前线，我也会与大家一样，希望能够逃避这项命令。但是，我也存在另外一种侥幸心理——假如我服兵役，可能只有一半的概率会上前线作战，因为也有可能会留在后方；即使上了前线，我作战的可能性同样也只有一半，因为或许我会成为某长官的左右手，因而留在安全地区；万一我不幸必须扛起枪，受伤的可能性仍然只有一半；即使不幸挂彩，如只是轻伤也不至于受到死神的召唤，因此，我实在没有担忧的理由；如果是重伤，或许在医生的帮助下我依然能够保住性命；就算真的运气不好，我不幸为国捐躯，亲人和朋友也将替我感到骄傲，我的父母不但会受颁一枚最高勋章，还可得到一笔数量可观的抚恤金和保险金，小孩子们会把我当成偶像来崇拜。而我，一位伟大的战士也将进入天堂，来到慈祥的天父身边，说不定还会见到万人敬仰的华盛顿将军。"

心理学家话音一落，原本安静的募兵现场又嘈杂起来，青年们纷纷表示愿意赌上一把，他们或许是想名垂千古，或许是家境不好，想着万一出事还可以给家人留下一笔巨额抚恤金……

妙语新悟

心理学家仅凭这一席话，便攻下了青年们心中的壁垒。他就如同一位催眠高手，先是卸下青年们的防御心理，然后利用他们潜意识中的心理需求，将其逐步引入了自己设下的圈套。

这就是语言的魅力所在。充满智慧的语言如同甘醇的老酒，香气四溢，令人回味无穷。掌握说话的"计巧"，能使我们有效地操纵下属的情感，使其轻易就范。

那么，身为一名管理者，你不妨回想一下，你所说的话是不是经常能令下属心悦诚服呢？你在与下属的交谈中，是否都能占据主动呢？如果不是这样，那么你需要加紧"修炼"了，因为你对于下属的驾驭程度如何、你的人生成就如何，很大程度上取决于你能否智慧地与人交谈。

常言道，"话无定格"，作为领导者，你必须学会依据情况采取策略性的说话方式。领导跟下属说话时，如何体现策略性呢？

1.善于激发下属讲话的愿望。领导在听下属讲话时，应注意自己的态度，充分利用表情、姿态、眼神或附和等方式，来表达自己是在认真听对方讲话，体现领导对下属的尊重。比如，领导的一个微笑，或一个赞同地点头，充满热情的一个"好"字，都是对下属最有力的鼓励。反过来，领导跟下属讲话时，应注意分寸——说话的态度、方式以至语音、语调，旨在激发部下讲话的愿望，使谈话在感情交流的过程中完成信息交流的任务。

2.善于启发下属讲真情实话。有时下属出于某种动机，谈话时弄虚作假，见风使舵；有的则有所顾忌，言不由衷。这让领导得不到想要了解的真实信息，使谈话失去意义。为此，领导要克服专制、蛮横的作风，代之以坦率、诚恳、求实的态度，要尽可能让下属明白，领导感兴趣的是真实情况，并不是奉承、虚假的东西，打消下属心中的顾忌。

3.少直言，多含蓄。直言不讳的最大弊端就是刺激性大，容易伤人，甚至会得罪人。含蓄委婉一点，能够表达对当事人的尊重，让人听了比较舒服，是大多数领导所惯用的谈话方式。

4.明确与模糊并用。何时使用模糊语言，何时使用明确语言，这要视说话的目的及情景、对象而定。大体上说，在表扬下属时，我们应使用明确的语言，使表扬对象接受刺激，增加表扬的效果。批评、给下属提意见时，易用模糊语言，给彼此留下余地，把握住对事不对人的原则。

正所谓"射箭需盯靶，弹琴看观众"，领导者在说话时，一定要注意谈话对象，根据对方的经历、文化素养、思想性格、心理特点等，运用不同策略、采取不同语言，以有智慧的说话方式，巧妙地驾驭下属。

便功不如使过

孙子统兵征战四方，不知给多少人下过套，令那些敌军将领望而生畏。"下套"一词看似"阴暗"，效果却极佳。下套的关键在于，你是否能够抓住对方的"致命点"，对症下药，诱之就范。在现代管理中，给下属"下套"也是一种不错的管理方法。毋庸置疑，在这个世界上，根本就没有不会犯错误的人。更可以肯定的是，任何一个人在自己犯错以后，都希望能够得到别人的原谅。因为原谅意味着别人对于自己的信任。而有了信任，一个人才能把他能够做的事情继续下去或是做得更好。

正因如此，一些管理者在对待有过之人时反而委以重任，让其戴罪立功。此策略的妙处在于，它可以轻易使对方产生一种感激畏惧的心理，然后在自责、感激等心理的作用下，自发自觉地以十倍、百倍的努力去发挥自己的才智，以求将功补过，忠心回报自己的"恩人"。这就是传统的"使功不如使过"的真实效应。

三国时期的著名军事家、政治家、领导者诸葛亮在这方面的运用，堪称是高人一筹。

案例陈列

三国时期，诸葛亮辅佐刘备占荆州，据蜀地，东和孙权，北拒曹操，当时天下形成三足鼎立之势。火烧赤壁后，诸葛亮料定曹操必经华容道出逃，届时生擒，如囊中取物。但捉后如何处置，倒成了一大问题。对于派谁去对付曹操，诸葛亮也颇费了一番思量。

他认为，张飞性情直率、急躁，捉住曹操后是不会放走的。赵云忠贞不贰，捉住曹操是不敢放走的。而关羽，他不但义气如山，还曾受曹操厚恩，而且是主公二弟，捉曹后定会释放。何况关羽还有一大缺陷：凭借百战百胜的威名有时傲气太重，若抓住他"捉放曹"的小辫子，也可届时给他点限制。主意已定，诸葛亮便将张飞、赵云、刘丰和刘琦一一派出，唯对身边的关羽置之不理。关羽忍耐不住，就高声斥问："我历次征战，从不落后，这次大战，却不用我，竟是何意？"诸葛亮故意激他："关将军莫怪！我本想派您把守一个最重要的关口，但又一想，并不合适。"关羽很不高兴地问："有什么不合适的呢？请明讲！"诸葛亮说："想当初您身居曹营，曹操对您多方关照。这次他惨败后必从华容道逃窜，若您前去把守，必会捉而放之！"关羽抱怨他未免多心，还说自己斩颜良、诛文丑，又解白马之围，早已报答了曹操。若再遇他，决不放行。诸葛亮仍以言相激，终于激得关羽立下了军令状，才领兵去华容道埋伏起来。

果然不出诸葛亮预料，曹操一行人困马乏、狼狈不堪地来到了华容道。突然，关羽横刀立马挡住了去路。曹操吓得浑身瘫软，不住地乞求关羽饶命。其随从也一个个跪地乞怜。关羽终于念及当初，遂起恻隐之心，不顾事先立下的军令状，高抬贵手放走了曹操，灰溜溜返回大营。诸葛亮又照事先设想，特地迎接关羽，更使关羽无地自容。当关羽有气无力地禀报了原委，诸葛亮装作恼怒的样子要对他处以军法，刘备一再求情，才免了关羽死刑，令他戴罪立功。

妙语新悟

诸葛亮精心设计的"捉放曹"，完全达到了预期的目的。后人每谈及此事，都赞扬说："诸葛亮智绝，关羽义绝。"

因为当时诸葛亮刚出茅庐不久，在刘备军中还没有树立起足够的威信。刘备手下的那些大将，特别是他的两个拜把兄弟关羽和张飞，对诸葛亮打心眼里不服。张飞直接冲撞他，关羽更是以为自己文韬武略，不把诸葛亮放在眼里。只是碍于大哥刘备的面子，他们没有直接给诸葛亮难堪。如果诸葛亮不能让关羽折服，就无法指挥张飞，也难以顺利让刘备军团令行禁止。所以，诸葛亮要真正树立统帅的威信，首先要镇住关羽，使张飞折服，通过制约刘备的这两位结义弟弟，进而压服全军。

诸葛亮利用指派关羽去镇守华容道，让他相信诸葛军师料事如神，后来发生的事情让关羽不服也不行。并且关羽也如诸葛亮所料放走了曹操，这就违反了军令，按律当斩。当然他"不求同日生，但愿同日死"的刘备大哥一定会出来求情，诸葛亮当然也要网开一面。这样一来，关羽不仅丢了面子，还欠了诸葛军师一次天大的人情。傲气的关羽以后自然不敢不服诸葛亮，这就为诸葛亮管理刘备军团扫除了一大障碍。

那么，在这一策略的运用上，领导者需要注意些什么呢？

1.必须具有宽容的气度。下属犯错，却要给予他足够的尊重，这似乎有些强人所难，但这同时也体现了管理者的雅量与风度。管理者要想令下属心悦诚服，没有起码的宽容气度是万万不行的。

2.心术要正。"使过"的根本目的是使其认识到自己的错误，并在此基础上努力改正，为团队创造出更多的利益。倘若管理者心术不正，出于某些阴暗想法有意陷害下属，抓他们的小辫子加以威胁，以达到自己不可告人的目的，那么，这个策略就变质了，这样的领导只能说是一个皮厚心黑的"厚黑专家"。

的确，有时使功，不如使过。无论是秦穆公用孟明，还是李渊对李靖的"使功不如使过，靖果然"，及至后来的康熙对徐乾学讲"使功不如使过"，这些人可以说都将"功过利害"分析得透透彻彻，运用得炉火纯青。何以"用功"反而不如"用过"？其实说直白些，无非是因为有过之人往往需要更加谨慎小心，而恃功者则往往会居功自傲，难以使唤。管理者只要读懂下属的这种心理，就一定可以将工作开展得更加顺利。

请将莫若激将

激将法是孙子"三十六计"中一计，在生活中一直被广为应用。例如，教练常用激将法激励队员奋进，或是激怒对手使其陷入犯规战术；父母常用激将法引导孩子，使其朝着正确的方向发展；老板常用激将法激起员工的斗志等。面子问题不是小问题，几乎人人都爱惜自己的面子。人们努力赚钱，不断提高身份地位，扩大和加强自己的影响力，其中有一部分原因就是为了面子，或说自尊。爱面子的人的心理通常是这样：你说他不行，他偏要证明自己可以，绝对不让你看低。这是激将法得以在生活中广泛使用的心理基础。

聪明的管理人员，会利用员工爱面子的心理，适当运用激将法，使他们产生偏要干好的心理，从而让下属完成好交代的任务。比如，管理者可以淡淡地说："这个设计太难了，我估计搞不定，你如果也不行的话我找别人做吧。"就为证明自己，你的下属肯定会想方设法努力做好。

这方面诸葛亮也称得上是一代激将高手。除上面讲到的，他以激将法让关羽守华容道而后放走曹操，诸葛亮还多次运用激将法，达到自己的目的。战马超之前先故意激张飞，说谁也打不过马超，除了把关云长请来；打张郃前说除了张飞谁也敌不过张郃，以此激怒黄忠；征孟获时又激赵云、魏延，要他们不听将令，私自出兵。

现如今，激将法已经成为管理学中的一个常用策略。依据心理学原理，个人行为动力源于其各种需要。当某种需要在人们的大脑中形成以后，就会转化为具体的动机，从而引发出某种特定的行为。而我们所谓的激将法，就是对实现需要动机的强化。管理者通过激将法刺激下属，借以最大化地调动下属的主观能动性，使其个人才能发挥出最大效用，并更迅速、更圆满地实现我们的管理目标。

正所谓"树怕剥皮，人怕激气"，激将法说白了就是管理者在说服下属时的一种"诡计"，是通过巧妙利用下属的自尊心及逆反心理，以"刺激"唤醒被说服者的不服输心理，令他去做一些平时不会做的事情，借以达到自己的预期目的。

案例陈列

艾尔·史密斯在担任纽约州州长时，辖区内的"星星监狱"成了一大挠头问题。这座监狱非常难以管理，经常发生斗殴、骚乱之事。星星监狱的几任监狱长常常主动提出辞职，有的刚干不到一个月就被迫辞职，因"渎职"丢了饭碗，更有甚者甚至死在任上，这显然不是一个好差事。史密斯想寻求一位有能力的助手，帮助自己改善监狱的现状。但是，这很难办，因为没有人愿意去啃这块难啃的骨头。

经过一番了解，史密斯最后盯上了一个叫做刘易斯的"干将"。这名干将性格刚强，意志坚定，而且人高马大颇有气势，或许只有他才能将那些犯人管得服服帖帖。

史密斯叫来刘易斯，开门见山地说道："我打算让你去做星星监狱的监狱长，你看如何？"对星星监狱臭名昭著的现状，刘易斯早就了解。州长的提议让他感到十分踌躇，他不知该如何回答州长才好。

史密斯看出了刘易斯的犹豫，于是微笑着说道："看得出来，你是有些害怕了对不对？这很正常，我不责怪你，谁都知道那是一个出了名难管的监狱。想做这座监狱的监狱长，没有一定的胆量、没有强韧的意志是绝对不行的，那里需要一个男子汉。"

如果再推脱，岂不是承认自己胆小怕事，承认自己不是男子汉？这可关系到一个人的名誉问题。于是刘易斯决定接受州长的委派，前往星星监狱就职。后来，刘易斯果然不负史密斯所望，成为星星监狱狱史上最有声望、最有名气的监狱长，根据其故事改编的电影剧本就有数十个之多。

妙语新悟

在这里，史密斯州长便动用智谋，实施了激将之法，从而成功说服刘易斯接受自己的要求，并取得了很好的效果。

常言说"请将不如激将"，我们在管理下属的过程中，不妨设法借助感情的力量，调动对方的积极性，让对方心甘情愿地为自己"服务"。

不过在使用激将法时，我们还需要注意以下几点。

1. 目标明确。运用激将法，必须掌握好激励对象的性格、当时的环境以及条件，不可一味滥用。譬如，对于好胜心强、性格直爽的人，我们可以采用此法；但对于那些性格敏感，受不了"侮辱"的人，我们最好斟酌用词，以免适得其反。

2. 分寸把握得当。"激"的分寸有讲究，既不可操之过急，亦不可行之过缓。过急，容易被人猜透，不会就范；过缓，不足以激起对方的求胜心，无法达到预期的目的。

3. 给予适当的奖励。当下属在你的刺激下出色地完成了工作任务以后，应给予一定的精神或物质奖励，让下属感受到你的重视，进一步增强他的成就感，以便下一次更好地完成任务。

总而言之，在使用激将法时，管理者必须把握一个合适的度，让下属在心理上能够接受，这样才能达到激励的效果。倘若管理者的激励措施令下属不满意，那么就会产生负面影响，甚至会挫伤下属的士气。这就要求管理者必须提高自身修养，正确、灵活地运用激将法，从而最大限度地调动起下属的能动性和创造性，实现自己的管理目标。

对难管的下属有的放矢

"无中生有"位列孙子"三十六计"第七计，孙子阐述此计时说："诳也，非诳也，实其所诳也，少阴，太阴，太阳。"意思是说，诳骗，并不是长期的诳骗，而是在虚假诳骗之后，把真相推出。把小虚假发展到大虚假，在极端的虚假之后，采用极端真相的行动。一个组织里面，总有些人不那么好管。比如，有的下属仗着自己有一定专长，能力出众，短期内很难有人能替代他的工作；或自恃与公司大客户关系良好，是老板倚重的人物，便目空一切，对谁都看不顺眼，视公司规章如无物，非常难以管束。与这种下属相处，管理者必须有的放矢，科学地采取措施办法。甚至可以找一个"借口"来给他一点颜色看看，以让他知趣改过。

对于企业的重点人物，即使仅仅发现一些类似的苗头，也要及早采取行动。在这方面，我们可以从老祖宗那里学习一二。

案例陈列

西汉时开国功臣萧何一生始终谦恭谨慎，不矜功，不伐能，不图名，不争利；善于体察君王心意，委曲求全；甚至不惜以自污的方式化解主疑；他总是战战兢兢、如临深渊、如履薄冰地忠主敬业。但即使如此，他在晚年还是蒙受了一次无端的冤屈。有一次，萧何向汉高祖上了一道奏章，说由于长安都城人口增多，田地不够耕种，请求把上林苑的荒废空地拨给百姓开垦，既可以收获些粮食补充民用，豆麦秆叶还可做苑中禽兽饲料。哪知汉高祖看了奏章以后，却怀疑他是有意讨好百姓，收买人心，便怒气冲冲地把奏章往地上一掷，骂道："相国一定是受了商人的财货，居然敢来请我的上林苑地。这还得了！"立即传令把萧何抓起来，关进大牢内。可怜萧何二十多年如一日兢兢业业地办事，小心谨慎地做人，多次化解了汉高祖的猜疑之心，不料到了鬓发斑白的时候居然祸从天降，心中感到无比的冤闷！但萧何深知汉高祖的为人，因此，他越是处在这样的时候，越是冷静，虚中自守，不上诉，不辩解。他知道，要不了几天，汉高祖就会放他出去的。

几天以后，一位姓王的卫尉当值。他见汉高祖背垫着枕头半躺着，心情比往日好些，便上前跪问："陛下，相国犯了什么大罪，被关进监狱？"汉高祖说："朕听说李斯做秦始皇的丞相，凡有善行就归功皇上，有恶行就自己承担。可是萧何竟然私受商人的钱，为他们请我的上林苑去讨好百姓，收买人心，所以应该治他的罪。"王卫尉说："陛下，臣以为萧相国无罪。宰相的职责是为民兴利，萧相国请开垦上林苑荒地正是他应尽之责。陛下怎么怀疑他是收受贿赂讨好百姓呢？况且当初陛下与项羽相争数年，随后又出讨陈豨、英布的叛乱，每次陛下出征在外，都是相国留镇关中。如果相国有二心的话，只要他当时稍一动作，整个函谷关以西早就不是陛下的了。但相国却从来不贪图私利，始终忠于陛下，难道今天反而贪求商贾的那点钱财吗？至于秦始皇，他正是因为不听臣下批评，一意孤行才亡了天下。李斯就是能为他承担过失，又哪里值得效法呢！陛下未免把相国看成浅薄小人了。"其实汉高祖当然知道萧何素来谦恭，只不过借口挫辱他一下，显示一下自己的权力，敲山震虎，树立自己的威严，并非真想治萧何的罪。但此心思怎好让人知道呢？汉高祖听完王卫尉一席话，嘴上自然不便说什么，沉默了一会儿，便派使者持节将萧何赦免出狱。

萧何出狱后来不及回家换洗，便衣衫邋遢，光着脚丫子趿趿撞撞地进宫谢恩。汉高祖说道："相国大可不必多礼了。相国为民请求垦种苑中荒地，我不允许，我不过是夏桀、殷纣那样的君主罢了，相国才是贤相。我关押相国，就是想让百姓知道我的过失啊！"萧何赶紧磕头称谢退去。从此，萧何行事更加恭谨了。

妙语新悟

在这里，萧何事实上有无收买人心的企图是次要的，重要的是，通过这一捉一放，萧何以后是绝对不敢有这样那样的企图了，这也正是管人高手刘邦的真正目的所在。从这一事例我们也可以看出，现代企业管理过分讲究科学的一面，而对这种结合个人心理的管理方式往往被忽略了。

不过，领导者仍需注意，我们在使用此策略时一定要有个度，即：

1.要明白，这里所讲的"麻烦"不是故意找碴，不是有意刁难下属，而是策略性地采取一些小手段，达到管理的目的。

2.不要伤及下属的自尊。一般来说，当你指出一个人的工作失误之时，对方心里多多少少会有些不快，倘若你的语气一再加重，就会伤害到下属的自尊心，激起逆反心理。显然，这与我们的初衷是背道而驰的。

3.注意场合和方式。给下属找麻烦时，如果不注意选择场合和方式，就会加重下属的挫折感，使其自信心受到打击，这自然也不是我们所要的结果。

不知各位管理者是否注意到，有时，和自己关系不太好的人，在工作成绩上却会日趋出色。当然，我们不能以偏概全，但事实上确实有这种现象的存在。那么，这又是为什么呢？究其根由，不外乎两点原因。

1.这种人多有真才实学，因清高不逊不愿落下"溜须拍马"的名声，是故不愿去与领导交好，但其本身的能力是毋庸置疑的。

2.与领导关系不好的人，多害怕对方给自己穿小鞋，是故只有在工作中加倍努力，让领导挑不出自己的毛病。

基于此，从某种意义上说，我们偶尔给下属制造一点麻烦，不但能够改掉他们不逊的毛病，消除他们嚣张的气压，而且似乎也是一种另类的激励手段，它可以像警钟一样在下属耳边长鸣，鞭策着他们不断进步。

第二篇

"作战"说"管人"
行如疾风动如电

孙子云："故兵贵胜，不贵久。故知兵之将，生民之司命，国家安危之主也。"其意为：用兵打仗贵在速战速决，而不宜旷日持久。懂得用兵之道的将帅，是民众生死的掌握者，是国家安危存亡的主宰。当今商场，瞬息万变，决策上哪怕是一刻钟的犹疑，就有可能丧失一次绝佳的机遇，给企业造成不可挽回的巨大损失。对于一名领导者而言，当断则断，速战速决，是其必备的管理素质之一。作为一个合格的管理者，我们必须要做到以下两点：第一，及时把握信息、有效操作、当机立断；第二，令出必行，保证下属执行到位。

行如疾风动如电

孙子强调"兵贵神速"，在他看来，时机稍纵即逝，领兵者必须抓住时机，果断出手，才能减轻战耗，取得建设性的胜利。毫无疑问，现代社会就是信息的社会，是充斥着竞争的社会。尤其是商场，它复杂多变、争斗激烈、硝烟弥漫。在这种形势下，一个企业若想求得长久的发展，就要求其领导者无论是在确立目标还是选择方案、制定策略上，都要做到先人一步、坚决果断、迅速及时。因为在商场上，任何的哪怕是一丝犹豫，都可能错过一次良好的机会，造成不可估量的损失。毫不夸张地说，作为一名领导者，果敢决断，在一定程度上，就是争得了时间，争得了一切。

基于此，一个合格的领导者必须培养自己锻造两种能力。

1. 认知能力。即必须能够分清主次轻重。

2. 情感能力。即具备正视问题的勇气，拥有做出艰难决断的能力。关键时刻能够挺身而出，坚决果断，绝不含糊其词。

案例陈列

朱元璋在应天建立战略根据地后，提出基本国策为："高筑墙，广积粮，缓称王。"此一决策对明朝初年政权的巩固与发展起了重大作用。

"高筑墙，广积粮，缓称王"这一重大战略决策，是老儒朱升为朱元璋谋划的。朱升提出的战略，集政治、军事于一体，用非常精辟的语言，准确、全面、深刻地指明了朱元璋在相当长一段时期内的战略方向。朱元璋闻言大喜，全盘采纳了这个战略。

高筑墙，首先是指要有一个强大和巩固的战略根据地。战争是人力、物力的较量，人力、物力的来源离不开牢固的后方补给。因此，能否建立一个强大巩固的战略根据地，就关系到朱元璋的部队能否在元军和群雄割据势力的包围中站稳脚跟，求得发展，至少是立于不败之地的根本所在。朱元璋选择应天及周围地区作为战略根据地来"高筑墙"是比较妥当的。一是应天与淮右连成一气，唇齿相依，朱元璋及其主要将领和谋士多是淮右人，下级军官与士卒也大多来自这一地区。立应天，淮右为本，大部分将帅、士卒为保卫家乡而战，无疑可以激发参战的热情，对稳定军心十分有利。二是应天临江依山，周围多丘陵，地形十分险要，是东南地区的军事重镇，历来为兵家必争之地。据应天，可瞰制江淮和浙北。三是应天及其周围地区经济发达，物产丰富，支持战争的潜力巨大。朱元璋对建设战略根据地给予了极大的关注，在采纳朱升的战略以后一年多的时间里，他在自己的势力范围边缘地带所采取的军事行动，都是从稳定、巩固应天的需要出发的。而后，对应天本身的城防也进行了大力加固。后来，朱元璋就是在应天以固若金汤的城防，抵挡住了比自己强大得多的陈友谅的10万舟师。在统一战争的全过程中，以应天为中心的根据地一直没有受到严重的外来威胁，又为战争提供了极大的支持。这都说明朱元璋在建设强大的、巩固的根据地方面是非常成功的。

　　高筑墙，也是指必须建立一支强大的武装力量。这支武装力量不是仅仅用来防卫的，主要是用来主动进攻的。其一，建设一个稳定、巩固的战略根据地，其本身就包括了必须有一支强大的武装力量。否则，在群雄割据势力的包围之下，任何根据地也是不可能存在的。因此，战略根据地的稳定和巩固，首要的、关键的条件就是必须有一支强大的武装力量，才能保障政治、经济和其他建设顺利地进行。其二，朱元璋及其将领谋士们并不是鼠目寸光，安于现状，满足既得利益而无远大抱负的领导集团。朱升的战略之所以很快被朱元璋采纳，是因为朱元璋早就有欲图大计、平定天下的远大抱负。那么，建立一支强大的武装力量的根本目的，就不仅仅是为了满足保卫根据地，更主要的还是为了满足战略进攻的需要。

　　广积粮。朱元璋占据的江淮地区盛产粮食，按理说粮食不应该成为一个问题，为什么还要广积粮呢？元末的江淮自然灾害十分严重，而且次数较多，持续的年头又长，使这个粮仓变成了缺米之仓。许多劳动群众连自己都吃不上饭，哪里还能拿出粮食来支持起义军呢？面对这种状况，朱元璋制定了"且耕且战"制度。他任命元军降将康茂才为都水营田使，由其负责兴修水利，要求做到高地不怕旱，洼地不怕涝。接着下令各部队都要在驻地开垦荒地，种植粮食，并且立下章程，规定以产量的多少来决定赏罚。要求各部队的生产除了供给自身的需要外，还要做到有存粮。经过几年的努力，终于使朱元璋彻底改变了缺乏粮草的局面。他的部队丰衣足食，对战斗力的提高起到了关键性的作用。"且耕且战"实际上就是屯田制度，并非朱元璋独创，而是由来已久。但是这一制度被朱元璋运用得如此彻底、如此全面、如此持久，解决了如此庞大的军队的粮食所需，支持了如此持久的统一战争，可以说在朱元璋以前的历史上是绝无仅有的。

缓称王。其根本目的就是为了最大限度地减少己方独立反元的政治色彩，最大限度地降低元王朝对己方的关注程度，避免或大大减少过早与元军主力以及强劲诸侯军队决战的可能性，从而有利于保存自己，积蓄实力，求得稳步发展。为此，朱元璋在形式上一直对小明王保持臣属关系，使用的是宋政权的龙凤年号，打的是红巾军的红色战旗，连斗争口号也不改变。朱元璋担任的职务，从江南行省平章到后来的吴国公，都是小明王敕封的。直到消灭陈友谅，北方红巾军也失败以后，他才称吴王，但发布文告，第一句话还写"皇帝圣旨，吴王令旨"，表示自己仍是小明王的臣属，免得引人注目，遭受打击。元王朝苦于力量不足，只能对目标大、影响广的自立政权首先实施重点打击，光这类政权就有三四个，根本顾不上对付朱元璋这类附属于某一政权的势力。朱元璋正是抓住了这种有利的客观形势，加强扩展地盘，壮大力量，成为统一战争的主宰者。缓称王不是不称王，关键在于选择有利时机。元至正二十四年（公元 1364 年）的军事形势对朱元璋集团十分有利：北面的宋政权已经名存实亡，即使反目，也已不足为虑。元军主力在与宋军的决战中大伤元气，又陷入内战之中，无力南进。反元阵营中势力最为强大的大汉政权已经被朱元璋消灭。东面的张士诚已属惊弓之鸟，处于明显的劣势。四川的明五珍安于现状，没有远图，构不成大的威胁。依据这种客观形势，朱元璋凭借广阔的版图、强大的军队，公开表明自己的政治意图而自立为王是非常适宜的。

"高筑墙，广积粮，缓称王"，是一个非常英明正确的宏观决策，它引导朱元璋集团从胜利走向胜利。至正二十八年（公元1368年）正月，就在徐达统领北伐大军攻克山东的凯歌声中，朱元璋在应天登上帝位，国号大明，建元洪武。

妙语新悟

善于根据现状判断，果敢决策，是万事成败的关键。从上述案例中我们可以看出，朱元璋之所以能够击败强敌，建立起大明王朝。关键就在于他能够对当前的形势做出正确的判断，并及时地做出反应。

当然，所谓果断并不是冒失轻进，独断专行。领导者在培养自己的果断作风之时，应注意以下两点：

1.果断不专断。即领导者虽然要有自己的主见，但不能大兴"一言堂"，而应广纳人言，集思广益，善于决断。该出手时就出手，以免由于犹疑不决而空耗财力、人力、物力，贻误良机。

2.果断不武断。即领导者要敢想敢干，但必须以客观、合理的事实为依据，而不能全凭一股冲劲，轻率冒进。倘若不顾主观事实，便"东一榔头西一棒槌"地大展拳脚，那么往往会事与愿违。

综上所述我们可以得出这样的结论：作为一名领导者，必须要有强人一等的胆略和魄力，要行如疾风动如电，一针见血地切中问题的要害。同时，在形势极其复杂的情况下，还要具备敢于冒险并承担巨大责任的勇气。这样，才能在下属面前树立起足够的威严，才能成为一个合格的指挥官。

为下属上紧发条

孙子曾经说过:"道者,令民与上同意也,故可以与之死,可以与之生而不诡也。"这位伟大的战略家倘若能够活到今天,他将告诉各位管理者,为员工建立共同目标,加强他们的紧迫感有多么重要。他会告诉你应该在每一个组织成员心中都烧上一把火。紧迫感是下属努力工作的催化剂,如何让下属产生紧迫感呢?一个似乎有点笨但绝对有效的做法是紧紧地"盯"着他们,关注他们的工作进展并及时指出不足,尽量把自己所承受的来自市场的或来自上级的压力传达到每一个下属身上。

不称职的部下就得换掉,这当然不错,但这并不是处理人事问题的高明方法,同时也不是处理人事问题的最终目的。从郭士纳那里我们会受到不少启发。

案例陈列

1993年,郭士纳临危受命,接掌IBM董事长兼首席执行官。计算机制造业巨头IBM长期以来曾被视为美国科技实力和国家竞争力的象征。进入20世纪90年代后,这位蓝色巨人开始走下坡路,面临着被肢解的危险。到郭士纳接手时,IBM亏损达50亿美元。在郭士纳上任后第一年,IBM亏损达81亿美元;1994年,IBM赢利30亿美元,此后连年丰收。

　　"郭士纳的个性比钉子还硬，目前 IBM 困难重重，正需要像他这样具有超凡才干的人。" IBM 的一位高级主管曾这样评价道。郭士纳的确不是一个唯唯诺诺之人，他清楚地看到 IBM 最大的问题在于内部管理涣散，员工动力不足。他上任后，没有大量更换高级主管，但他通过自己强硬的行为作风和言论力量，扭转了 IBM "遗老遗少"们的慵懒、消极作风和思维方式。他挥刀斩除 IBM 的种种顽疾：官僚习气、与市场脱轨、研发周期过长、企业运作成本高昂、大锅饭，等等。

　　在郭士纳到来之前，IBM 的企业氛围就像一个轻松、惬意的大家庭一般。后来担任 IBM 个人电脑公司的总经理萨姆尔·佩米萨罗回忆说："那时我们的企业文化营造出一种平缓舒适的氛围，有时你甚至会忘了自己在哪儿。会议总是轻松愉快，你走进会议室，看到一切都是那么和谐，几个人坐在一起悠闲地聊天。如果经营情况较好，他们会说'非常感谢'。即使结果不尽如人意，他们还是会说'我们知道你已经尽力了，十分感谢'。"

　　而在郭士纳的"统治"下，IBM 的会议绝不可能这么轻松愉快。只要他参加会议，会前他必定要求各部门主管把运营情况和出现的问题详细写下来，他这样做是为了让 IBM 人习惯于正视困难。在用户会议上，他鼓励参会人员对他的董事会发难。如果董事们回避问题，郭士纳就会指定一个董事负责解答。佩米萨罗回忆起当时的情形说："他会从椅子上跳起来，毫不留情地训斥他的下属。"他直率的作风让整个公司都感到震颤。佩米萨罗继续说："要是你被郭士纳点了名，别指望会听到一句称赞的话，多数时候都是他愤怒地责问'这到底是怎么回事'。"

　　在他重组管理队伍时，郭士纳说："我不管你将是未来的商界名人，或是正准备另谋出路，我要的是你们现在得为我尽心尽力地工作。"对他手下那批管理者来说，适应郭士纳的过程就如同达尔文的进化论一样残酷而且缓慢。IBM 的经理常谈起，他们是如何被郭士纳偶然叫住，并被要求立即对一名同事作全面的评估。一位 IBM 雇员说："他想知道我对自己的上司怎么看。尽管我说的都是称赞的话，但当着他的面我始终感到心惊胆战。"开会时，郭士纳习惯对每个在场的人作一番评价，他说："毫无疑问，在最初的一年里有些人企图给我服精神砒霜，我是指那些很糟糕的主意和计划。"

在经营管理理念上，郭士纳总是竭力让每一位员工知道公司的发展方向，这对于像 IBM 这样的跨国企业通常是最难做到的事情。他打破过去 IBM 等级森严的做法，用电子邮件直接跟所有员工沟通。比如，如果今天美国总部宣布了公司的全球业绩，那么第二天早上全球 20 余万员工的电子邮箱里都会收到总裁的详细报告。他每去一个地方都要专门安排一个小时与所有的员工见面，讲一下公司的方向，然后留下 45 分钟，让员工举手随意向他提问。于是他总有办法听到客户的声音，听到员工的声音，看到市场的变化。

郭士纳告诉下属："你必须准备迎接变化，并且必须有紧迫感，愿意在必要时马上做出改变，否则在 20 世纪 90 年代迅猛变化的计算机产业中就不可能跟上潮流并取得成功。"

紧迫感，是郭士纳为这个濒临崩溃的公司注入的强心剂。旧的 IBM 文化不屑于过多谈论竞争，不主张人们出风头。IBM 在计算机行业的垄断曾遭到司法部抵制，因此公司与司法部产生了冲突，而后鼓励员工表现出谦和、低调姿态，不要太富有竞争性。销售人员被告知不要贬低竞争对手，不要因行为抢眼引起政府注意，等等。但郭士纳要打造的是一个完全不同的IBM。他希望看到员工们富有竞争意识、朝气蓬勃的精神面貌，希望每名员工都积极争先。IBM失去了一笔生意，就像他自己也失去了生意一样。他希望公司的每个人都会这么想。

　　紧迫是郭士纳的口头禅。他不止希望变化，还希望变得快点。为实现这个想法，他一边迫使员工重新考虑业绩，重新考虑他们如何把产品推向市场，一边让员工知道他们的工作不是板上钉钉的；同时，营造一种更随意、更民主的氛围，以往保守谨慎的思维方式已被摒弃，冒险和进取的做法受到热烈欢迎。为了强调这些做法的重要性，郭士纳把主管人员的薪水、优先认股权与IBM的整体业绩紧密挂钩，迫使经理们紧紧盯住自己的业务。至于上层管理人员，他要求他们按一个固定的比例持有股票。IBM总部执行委员会成员持股量为年基本工资和奖金的3倍；其他地区的管理委员会成员为2倍；高级管理层持股量等同于其年基本工资和奖金。郭士纳给自己定了更高的股权要求——他必须持有自己年基本工资和奖金4倍的股票。对非管理人员没有相应的股权要求，而是使他们享有股票优先认股权，在过去只有高级管理人员才享有这些优先认股权。

妙语新悟

　　我们曾见过管理者自己忙得焦头烂额而下属却优哉游哉的场面，这样的管理者其病灶就是在"哪些方面需要紧一点"、"如何去紧"的问题上犯了糊涂。作为一名现代管理者，你首先应该以身作则，用自己的激情感染员工，让每一个员工都为自己上紧发条。

那么，在这一方面，具体有哪些方法值得我们借鉴呢？

1.让员工感受到紧迫感。产生紧迫感就是让组织内部的所有人认识到执行力的现状以及缺乏执行力的严重后果。尽管很多企业已经言必称执行，但并不意味着企业领导者已经将自身对执行力的焦虑转化为广大经理和员工的共识。要让员工明白，职业精神与专业技能的提升有多么重要，让他们知道，每一个拖泥带水、不负责任的员工势必会被竞争的大潮所淘汰。当员工心中有了危机感，他自然而然也就不敢懈怠了。

2.帮助员工树立明确的职业目标。目标是一个人奋发上进的动力源，员工只有明确了自己的职业目标，才能有所追求，懒散的观念意识才会有所转变，才会对工作形成一种自然的紧迫感。要知道，紧迫感更多是自己给的，思想上的问题解决了，其他的便不在话下。

3.引入外部现实。说白了，就是利用外界因素来刺激内部员工，借助各种生动的数据、案例、视频等形式，让员工对外部环境形成一定的了解，看到外部存在的危险及新机遇，从而促发他们的紧迫感。日积月累，这种方式会令员工逐渐养成"向外看齐"的习惯，于是，当员工看到外部危机之时，他们志得意满、傲慢懒散的情绪就会大幅度地减轻。

员工一旦形成了真正的紧迫感，就会自发自觉地采取行动——是马上，而不是"明日复明日"。真正的紧迫感最具意义的一点，就是它能促使员工发自内心地立即行动并争取圆满地完成任务。毫不夸张地说，能否使员工产生强烈、持久的紧迫感，是一个企业能否持续发展的关键。

要做到令出必行

孙子提出统兵者要"令素行","令素行以教其民，则民服；令不素行以教其民，则民不服。"管理企业就如同治理军队，管理者就是那一言九鼎的大将。企业管理中管理者若能做到号令如山，员工对你的命令无条件服从，这样的企业必然成功。英国剑桥大学经济学教授理查兹·肯特提出"无折扣法"一说，强调命令不是廉价的处理品，只要是命令就应该让执行者触目惊心，认真对待，不得夭折。当任何人都不知道谁应负责的时候，责任等于零。企业管理的命令如果得不到执行，和没有发布这个命令毫无分别；企业管理的命令如果只被执行一部分，效果也还是跟没有发布这个命令无异。

要达到这样的效果，管理者就要牢记在该命令时要毫不犹豫，而不该命令时则不能随便下令。只有这样才能保持命令的有效性，才能让员工重视并执行命令。随意下达命令是管理者的大忌，滥发命令只会损害你的威信，只会引起员工的反感，看轻命令，甚至对其不屑一顾，置命令于罔顾。

管理者应该明白，权力越大，地位越高，就越不能随意发号施令。作为一名管理者，如果习惯于随意滥下命令，就会造成许多不好的影响。只会用命令来管理的管理者，绝不会成为一名杰出的管理者。

管理者要珍视自己的命令，不随便滥发命令，更要确保命令能贯彻实施。对那些不遵守命令的员工，必须毫不犹豫地予以惩罚，否则一旦开了不守命令的先例，你就无法控制局面了。

当员工违反了命令时，即便他们的借口合理，也不能轻易向其妥协。虽然有时达到目标并非易事，但若轻易妥协，只会丧失自己的威信，使员工以此为例养成不服从命令的习惯。

案例陈列

温东宇是一家食品厂的总裁。一段辉煌期过后，公司发展陷入停滞。通过深入了解并分析，他发现是产品质量出了问题。找到问题后，温东宇开始了他的改进计划。他采取的是温和、循序渐进的手法。他请来广告和品牌策划专家，以轻松、幽默的方式为员工讲解产品质量和品牌的重要性，使质量意识深入人心并成为广大员工的自觉意识。此外，他走出他的办公室，亲自到工厂车间检查产品质量，和员工们讨论质量问题。通过这个途径，他收集到了许多质量改进的设想建议。

总裁的苦心没有白费。在他的带领和改进下，全公司上下形成了严格的质量意识，严格遵守由他制定的新质量标准。由此公司产品再次打开市场销路，销售额直线上升。员工们看到了希望，一个个干劲十足。

然而到年底，却发生了一件事情。有一批刚出厂的罐头卖得不错，非常受顾客的欢迎。但其实这批罐头存在一定的密封问题，不符合公司对此环节的质量规定。下属们犯难了，不知该不该继续发这批货。他们把报告放到了温东宇的办公桌上，等待着总裁答复。

然而总裁的回答让每一个部属都感到意外："照发不误。"温东宇万万想不到，就为这一个错误的决定，他几乎前功尽弃。先前是他自己订立了严格的产品质量标准，并要求每名员工严格遵守，可现在，却是他率先违背质量原则。于是他渐渐失去了在部属中间建立起来的威信，他的决策再也没有先前那么强大的号召力了。其实，当下属把要不要发货的报告呈上来的时候，温东宇就应该清醒地意识到：下属之所以这样做，全是因为自己严格要求、训练的结果，表明部属是何等的重视产品质量。温东宇的回答无疑是告诉他们，所有订立的要求大家严格遵循的规则都是一纸空文，毫无意义，随时都可以撕毁、推翻。

妙语新悟

温东宇自己搬了石头砸了自己的脚。你可以预见，部属们对温东宇先生的所作所为会感到如何的失望。正所谓上行下效，既然管理者都可以这样言行不一致，出尔反尔，自己作为下属，更没必要去遵守那一套东西了。不可避免的是，公司的产品质量如江河日下，一日不如一日。而在危急关头想要再次力挽狂澜，恐怕就非一朝一夕的事了，其可能性该是如何的渺茫。

所以，不随便发布命令，而在发布命令之后，一定要坚决执行，这不仅能提高管理者在下属心目中的威信，更有利于工作的开展。如何做到这一点呢？除了不随便发布命令之外，管理者还要做到下面几点。

1. 不要无的放矢

作为管理者，向下属发布命令，必须有一个理由、一个目的和一个承诺。换句话说，管理者在发布命令时不要无的放矢，否则容易引起下属的不满，间接导致命令被打折扣。如何才能做到有的放矢？

首先，你一定要有发布命令的充足理由。你可以按照下面6条简单的指导原则命令。

（1）为什么做这件事情是必需的？

（2）这件事情什么时候必须完成？

（3）要在什么地方完成这件事情？

（4）最适合做这件事的人是谁？

（5）该怎样做这件事情？需要什么样的工具、设备和人员？

（6）做这件事情需要花费多少钱？

在发布命令前做好充分的理由准备之后，你在发布命令时一定要给下属一个承诺。这样你的命令就会得到下属的重视，不会无的放矢。

2.别让听令者犹豫不决

"命"这个字是由"口"和"令"组合而成的，即用口传达给对方的是件非常重要的事。或许有人认为，写在纸上传达比较不会发生错误。但是，用文书传达的命令较缺乏魄力。反倒上司口头命令说"你做这个"时，听话者既可以辨出任务的轻重缓急，并适时地完成它。

当你下达命令时，有的下属显得犹豫不决——很显然，即使他执行了你的命令，也是十分地踌躇，那么执行的效果肯定要打折。

面对这样的下属，切记千万不要给下属犹豫的机会！

大声下命令。若你的声音太小，有可能被下属误以为是在说一件不重要的事情。在众人面前下命令：如此下属便能拒绝其他的任务，或者先完成你交代的任务。表情严肃，并且威严地下命令：这样不代表逞威风，你必须让下属感受到你的斗志。

不过还有两点请注意。面对面下命令一定要看着对方的眼睛。

还有当下属中有比你年长的人时，在态度以及措辞方面都必须特别留意。关键在于，虽然你必须对他下命令，但是，在平常时候，仍可表达适当的敬意。

3. 确保命令的执行

为什么有许多命令或指示下达后总是受阻呢？就是因为管理者没有监督命令的执行情况。每天要专门拿出一点时间检查工作。在你检查工作之前，仔细思考一下你要检查的重点。要有选择地检查，检查时要有重点，永远要越过权力的锁链，要多问问题，重新检查你发现的错误。

只有这样，管理者在向下属发布命令时才能做到心中有数，不滥发布命令，不用狂傲的态度发布命令，发布命令时会替下属着想，发布命令之后甚至还会隔一段时间就去了解一下命令被执行的情况。

因此，切忌让你的下属折扣命令，至少要统一观念，集中精力，有序工作，明确方向，逐步完善。没有命令，下属就会成为一盘散沙，企业就会失去动力和方向。

（1）命令要重点突出，不要面面俱到。如果把你的命令讲得过于详细和冗长，那只会制造误解和混乱。

（2）为了使你的指令叙述得简要中肯，你要强调结果，不要强调方法。当人们准确地知道你所需要的结果是什么的时候，当他们准确地知道他们的工作是什么的时候，你就可以分散权威和更有效地监督他们的工作。

（3）当你发布使人容易明白、简洁而清楚的命令时，人们就会知道你想做什么，他们也就会马上开始去做。命令不要太复杂，而要尽量简单。

管理者需要认识到，对于自己的正确指令，员工必须遵从，让命令真正得到贯彻实施。而对于那些不服从命令的员工，必要时就从严处治，杀鸡给猴看，不要手软。这样就不会再有人故意挑战你的权威了，才能确保工作按照预期的计划顺利进行。

让执行成为一种文化

孙子认为，只有严明法纪，才能整肃全军。对于一个组织来说，良好的执行力必须以相适应的结构、流程、企业文化和员工素质能力为基础。说到管理，无论管事还是管人，都是立足于"管"。管理者必须紧抓不放的一个原则，就是做到令必行、禁必止，也就是执行力。只有这样，企业的主导思想才能迅速化为员工的具体行动，领导者才能管出效率、管出成绩。

对一个特定的管理者而言，执行力主要体现为一种总揽全局、深谋远虑的业务洞察力；一种不拘一格的突破性思维方式；一种"设定目标，然后坚定不移地完成"的态度和行为；一种雷厉风行、快速行动的管理风格；一种勇挑重担、敢于承担风险的工作作风等。

大部分管理者都乐于布置任务、做决定，但真正有效的管理者却都擅长使布置下去的任务和做出的决定得以执行。要改善执行部门的执行力，就要把工作重点放在这个部门的领导者身上。可以这样说：一个好的执行部门能够弥补决策方案的不足，而一个再完善的决策方案，也会死在滞后的执行部门手中。从这个意义上说，执行力是企业管理成败的关键。

有不少企业的管理者都存在一种认识上的误区，他们无意识地将目标与策略、步骤、方法、措施等同了起来，认为自己制定了企业的发展目标，就等于做好了实施策略、步骤、方法和措施的保障。正是这种错误的认识造成了企业执行力的薄弱。目标只是企业的发展方向，是一种主观的愿望，而如何采取一些恰当的方式来达成这些目标，才是保障执行的策略、方法和措施。仅仅依靠目标是无法推动员工有效执行的，因为每个人对如何达成策略目标的理解是不同的。在采取执行的手段上也会因人而异，这种情况使得目标在执行过程中存在非常大的不确定性，从而造成企业目标在执行过程中的巨大偏差。

所以，执行力的关键在于保证企业员工行为的一致性，而这种一致性并不是来自目标，而是来自正确的策略、方法和措施。这是作为企业管理者面临的另一个重要问题。很多企业的整体策略、方法和措施都在管理者一人的大脑中，平常都是通过管理者与员工之间的沟通来推动执行的。这就存在一种状况：经常沟通的员工容易理解管理者的意图，不常沟通的员工只能依靠自己的理解来行事，其后果自然会造成很大的偏差。问题在于，依靠口头沟通的方式无法将策略、方法和措施正确转化为一致的行动。企业必须通过规范化的形式来完善执行体系，保证企业每一个员工都能够按照正确的策略、方法和措施来展开行动，不能按各自的理解来做事。管理者需要有一种执行的本能，你必须相信，"除非我使这个计划真正变成现实，否则我现在做的一切根本没有意义"。因此，管理者必须参与到具体的运营过程中，参与到员工当中。只有这样，才能对企业现状、项目执行、员工状态和生存环境进行全面综合的了解，才能找到执行各阶段的具体情况与预期之间的差距，并进一步对各个方面进行正确而深入的引导。这才是企业管理者最最重要的工作，而且不论组织大小，这些关键工作都不能交付给其他任何人。

举例来说，企业应该以人为本，员工应该是一个企业最重要的核心资产。只有亲身实践的领导者才能真正了解自己的员工，而只有在真正了解自己员工的基础上，一名管理者才能做出正确的判断。正确的判断总是来自实践和经验。

对于一个企业来说，要想建立一种执行文化，其管理者必须全身心地投入组织的日常运营当中。只有最高管理者才能确定、影响企业文化的风格，因为只有最高管理者才能左右组织中对话的基调，而这种基调对企业文化会产生决定性影响。

执行力的关键在于通过企业文化影响员工的行为。如果员工每天能多花 10 分钟替企业想想如何改善工作流程，如何将工作做得更好，那么，管理者的策略自然能够彻底地执行。

在这方面，曹操是很值得我们学习的。

案例陈列

建安三年（公元 198 年），曹操又率兵东征。一路上，旌旗招展，刀枪林立，浩浩荡荡的大军有条不紊地行进着。

此时正是五月，麦子覆垅的收割季节。由于连年战火，许多田地都荒芜了。随着一阵轻风，飘来了一股股新麦的清香。原来，在队伍的前面出现了一大片黄澄澄的麦地。

曹操传令："凡是踩踏麦田者，罪当斩首！"传令兵立即将曹操的命令传达三军。

全军上下，人人都小心翼翼起来，因为他们深知曹操的为人，不想因为踏一撮麦子而丢了身家性命。所以，士兵们行走时，都离麦田远远的，骑兵害怕马一时失蹄狂奔乱窜，也就纷纷下马，用手牵着马走。队伍在麦田边缓缓地向前移动着。

事情往往就是这样凑巧，"嗖"的一声，一只野兔从麦田里窜了出来，穿过路面，溜到了另一块田里。这只野兔刚好在曹操及另外两名军官的马前穿过，把三匹大马吓了一跳。由于另外两个将军都是下马牵着马缰绳行走的，所以马只是小惊了一下，就给稳住了。曹操此时正坐在马上得意，他的马匹给这一惊，犹如脱了缰一般，一下子窜进麦田几丈远，差点没把曹操给摔下马来。等到曹操回过神来勒缰绳时，一大片庄稼已给踩坏了。吓得那些在田间的农夫们也赶忙躲避，害怕被惊马踩死。

面对眼前这一意外突发事件，大家都惊呆了。曹操命令说："我定的军规，我自己违犯了，请主簿（秘书）给我定罪吧！"

主簿在听了曹操的令后，忙对曹操，又像是对大家说："依照《春秋》之义，为尊者讳，法不加重。将军不必介意此等小事。"旁边的一些军士也跟着附和道："主簿说得对。将军，还是带我们赶快上路吧！"

曹操听了，一本正经地说："军令是我制定的，怎么能被我自己破坏呢？"接着，又像是自言自语地感叹道，"唉，谁让我是主帅呢！我一死，也就没人带你们去打仗了，皇上那里也交不了差呀！"众人忙说："是呀，是呀，请将军以社稷为重。"

曹操见大家已经彻底地倒向他了，稍稍顿了顿又继续说："这样吧，我割下自己的一撮头发来代替我的头颅吧！"

于是，拔剑割下一绺头发，交给传令兵告示三军。

妙语新悟

曹操的做法，不但维护了自己的军令，又保住了他的脑袋，同时又自然而然地为军队树立起一种执行文化——老大都这样做了，谁还敢违例？

管理者要想增强员工的执行能力，不让指令成为一纸空文，应该怎么做呢？

1.管理者保证发出的指令清晰、有效。管人的基本要求是发出的指令要正确，这是有效执行的基础。发出一个指令是容易的，但要做到清晰、正确，让下属有效接收到，则可能存在困难。首先领导发出指令时，用语应准确、简明扼要，多用数据，少用模糊语，尽量具体到时间、地点、任务要求、协作关系、考核指标和考核方式等详细内容。这样下属才能对同一指令产生相同的理解，才会产生一致的行动。

2.指令应当具有稳定性。如果朝令夕改，指令变化太快，缺乏稳定性，下级必然找不到方向感，不知从何着手。这也会让下级对领导者产生不信任，工作自然难以管理和控制。因此，管理者在发出指令前，应经过深思熟虑，仔细审查指令的可行性，在执行中可能遇到的阻力，以及应对策略，等等。向下级解释清楚指令的内容和要求执行的原因，以统一全员的认识。如在执行过程中发现指令有不切实际的地方，应因事因时而异，区别情况采取不同的补救措施，立即更正发现的原则性错误。

3. 加紧检查、监督，落实指令。再正确有效的指令如果得不到落实，等于没有指令。当然加紧检查、监督，但是定期或不定期地检查并不妨碍领导的主要工作。只有实地检查，才能清楚下级的真实执行情况。有领导监督，下级在执行时就不敢懈怠。

艾柯卡在担任福特汽车公司总经理和克莱斯勒公司总裁期间，为了加强质量控制，他采用季检查制度。每个季度末，管理者都要与直接下属下级坐在一起沟通一次，检查下属们上个季度的工作进程和目标完成情况，并规划下季度的任务。彼此达成一致后，下级写出可以完成的目标，上级签名以示生效。这种方法虽然简单却很有效。

4. 强化执行。检查、监督之后，对于下属执行得好的方面，应采取措施加以强化。比如给予奖励和表彰，鼓励优秀者再创佳绩。对执行得不理想的，根据实际情况，采用不同办法纠正偏差。

企业由不同的部门和员工构成，不同的个体在思考、行动时难免会产生差异。如何尽可能使不同的分力最终成为推动企业前进的合力，只有依靠企业文化。执行也不例外，优秀的企业，其内部都有一种强烈的执行文化，他们注重承诺、责任心，强调结果导向，这一切都是执行文化的具体表现。

因此，管理者的执行力是多种素质的结合和表现，而绝不是某项单一素质的体现。"领导说啥，就是啥"的盲目服从；不计后果、不顾大局的冲动鲁莽；说一不二、大搞一言堂，对待下属的简单粗暴等，都不是我们需要的执行力。这样做只会使企业陷入非左即右、矫枉过正的泥潭。

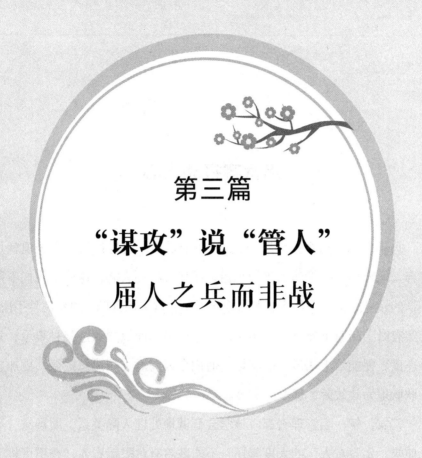

第三篇

"谋攻"说"管人"

屈人之兵而非战

"故善用兵者，屈人之兵而非战也，拔人之城而非攻也，毁人之国而非久也，必以全争于天下，故兵不顿而利可全，此谋攻之法也。"这是《孙子兵法·谋攻》篇的精髓所在，它的意思是说："善于用兵的人，使敌人屈服而不是靠交战，夺取敌人的城池而不是靠强攻，毁灭敌人的国家而不是靠久战。一定要用全胜的战略争胜于天下，这样既不使自己的军队疲惫受挫，又能取得圆满的、全面的胜利。这就是以谋略胜敌的标准。"

将其引申到人事管理中，我们可以这样理解：一个善于管理的领导者，使下属臣服不是靠权力与威吓，一定要用全胜的战略赢得下属的衷心拥护，使其心甘情愿受你的驱使，这才是管人的精妙所在！

用宽容打动人心

孙子提倡"与众相得"，其主旨在于爱兵，而爱兵的一个表现就是宽容，能容纳一些无伤大雅的小错，用宽容打动人心，这亦是我们不得不学的领导之道。现如今，上司笼络下属通常采用升职、加薪两种手段，其实有时上级对下属不必付出实质性的东西，而只要通过某种表示、某种态度，便能给下属最大的满足，他们会因而对上司感恩戴德，更加忠心耿耿地为其效劳，那就是宽容。

其实，每一名管理者都应该学会低调地处理人际关系，要具有"不计前嫌、宽容对人"的大度胸怀，不能戴着有色眼镜看人，亦不可将因外界因素产生的个人情绪带到与下属的交往中来，对人对事表现得时冷时热。

宽容与严格并不相排斥，宽容是在不违背原则的前提下对于下属的理解与包容。所谓"春好秋亦妙，夏不失其美，冬得其造化"，能够取人之长、容人之短，就是宽容。

在日常工作中，倘若管理者能够给予下属多一些的理解、多一些的容纳，能够对下属的过错既往不咎，就会以自己的宽容赢得下属的忠诚。

案例陈列

公元 199 年，曹操撤军驻守官渡，袁绍进兵来到官渡，两军隔营对峙。当时袁绍拥众十万，兵精粮足，乃北方实力最为强大的军事力量。而曹操此时士兵不足两万，其中伤病还占十之二三；同时粮草严重不足，明显处于劣势。当时人们都以为这一战曹操必败无疑。连曹操的部将以及留守在后方根据地许都的许多大臣都纷纷暗中给袁绍写信，表示一旦曹操战败便归顺袁绍。

相持数月以后，曹操采纳谋士许攸的奇计，袭击袁绍的粮仓，一举扭转了战局，后来打败了袁绍。曹操在清理从袁绍军营中收缴来的文书材料时，发现了自己部下的那些信件。他连看也不看，命令立即全部烧掉，并说："战事初起之时，袁绍兵精粮足，我自己都担心能不能自保，何况其他的人！"

这样一来，那些动过二心的人便全部都放了心，对稳定大局起了很好的作用。

妙语新悟

曹操的做法的确十分高明，显示了他虚怀若谷、宽容大度的气度。正因此部下们才忠心陪他打拼，成就伟业。换做一个心胸狭窄的人是断然做不到的。

有些人只是一味地向欲拉拢的一方施以恩惠，特别是对那些自己以为将要用到的人，更是如此。其实，收拢人心最重要的是要针对对方的心理。给地位卑贱者以尊重，给贫穷者以财物，给落难者以援助，给求职者以机会等，这才是收拢人心最有效的方式。

为官者不仅要对部下示以宠信，同时还要向他们显示自己的大度，尽可能原谅下属的过失，这也是一种重要的笼络手段。俗话说"大人不计小人过""宰相肚里能撑船"，所以对那些无关大局之事，不可同部下锱铢必较，当忍则忍，当让则让。要知道，对部下宽容大度，是制造向心效应的一种手段。

管理者若想在下属心中树立起宽容大度的领导形象，首先就要从自己的思想观念入手。

1. 摆脱管理者的强势情结。很多管理者认为，自己今天在位上，自己就是权威，是说一不二、不容侵犯的。显然，这种情结带有强烈的官僚主义思想，一手遮天的做法只会让下属怨气益重，或是想方设法逃离你的掌控，寻找工作上的自由与自主。

2. 充分信任下属。即做到"用人不疑、疑人不用"，给予下属充分的工作自由。既然将任务交付于下属，就要充分相信他，让下属有施展才能的机会。如此一来，才能人尽其才。

中国有句俗话——将心比心。一个人，想要别人以怎样的态度对待自己，首先就要采取相应的态度对待对方，唯有付出真挚的情感，才能换回一呼百应的效果。对于管理者而言，我们给予下属一分宽容，就能收获十分真诚。我们用宽容之心对待下属，就能唤醒他们的潜能，并赢得下属的忠心与拥护。

让倾听拉近彼此

孙子认为："兵者，国之大事，死生之地，存亡之道，不可不察也。"那么，要如何去"察"呢？显然，耐心地倾听，就是一个绝佳的渠道。一个企业倘若沟通不畅，久而久之企业的血管就会形成堵塞，企业就会陷入病态。所以说，沟通是企业管理者所必须具备的基本能力。有效的沟通会使下属产生一种被重视、被信任的感觉，对激发员工的工作热情、使命感、责任感都会产生非常积极的影响。

善于倾听是有效沟通的前提。听人说话之所以备受重视，不仅是因为其有助于对事物的了解以及对说话内容的掌握，更因为听话是与他人个性契合、心灵沟通的根源。现代社会观念，已认识到说话的方法、交谈的技巧、相互的了解等对于和谐的人际关系的重要性。但是，大多数人仍偏重于说话的技巧和表达能力，致力于这方面的学习与训练，而忽略了听话要了解话中含义的重要性。倾听别人说话表示敞开自己的心扉，坦诚地接受对方、宽容对方、体贴对方，因而导致彼此心灵融通，是现代社会取得良好人际关系的又一个重要方面。

事实上，许多管理者不愿倾听，特别是不愿倾听下属的意见。实际上，管理问题在很大程度上就是沟通问题，80％的管理问题实际上就是由于沟通不畅所致。不会倾听的管理者自然无法与下属进行畅通的沟通，从而影响了管理的效果。

有这样一则寓言，不知管理者看过之后会作何感想。

案例陈列

为逃避人类的伤害，鹰王与鹰后经过长途跋涉，飞到一片遥远的森林。它们在密林深处挑选了一棵又高又大、枝繁叶茂的橡树，打算在上面定居下来，并在最高的一根树枝上开始筑巢，准备夏天在这儿孵养后代。

鼹鼠是住在这儿的老居民，看到两只鹰在忙忙碌碌，它忍不住提醒鹰王："你们可不能在这棵橡树上安家，它不安全，它的根已经快烂光了，随时都可能倒掉。你们赶紧另选个地方吧。"

"嘿，真是怪事！我们老鹰的眼睛多么锐利，还用得着你们鼹鼠来提醒吗？你们这些只会躲在洞里的家伙，能看到什么？竟然胆敢跑出来干涉鸟大王的事情？"

鹰王压根儿不听鼹鼠的劝告，继续忙着筑巢。不久，鹰后孵出了一窝可爱的小家伙。

一天早上，外出觅食的鹰王满载而归。当它怀着兴奋的心情准备回到温暖的家中时，看到的景象却是那棵高大的橡树倒了，它的孩子无一例外葬身其中。

眼见此情此景，鹰王恸声大哭："我多么糊涂啊！当初不听鼹鼠的忠告，如今终于受到了惩罚。我从没有想过，一只鼹鼠的警告竟会是这样准确，真是怪事！真是怪事！"

"轻视从下面来的忠告是愚蠢的！"鼹鼠答道，"你想一想，我就在地底下打洞，和树根十分接近。树根是好是坏，有谁还会比我知道得更清楚呢？"

妙语新悟

寓言虽短，寓意精辟。它告诉我们，管理者要谦虚为怀，善于听取最基层员工的意见。群众的眼睛是雪亮的，企业哪里存在隐患，员工的心里最有数，员工的建议管理者必须予以高度重视。

倾听，并不一定代表你对对方谈话的认同，它仅表示对对方的尊重。每个人都有表达自己想法的权利。每个管理者都希望自己的讲话能够被下属认真地倾听；同样，每位下属也希望自己的声音能够被自己的上级倾听。倾听与"听见"不同，它反映了管理者对下属的态度。如果某个管理者认为自己听见了，就是在倾听，这是错误的，因为倾听不仅仅用的是耳朵，更要去用心。

1. 理解下属想说什么

新经理人在倾听时首先要弄明白的是下属到底想说些什么，是对公司的建议、对某人的意见，还是对待遇的不满？由于每个人的性格不同，不同的员工在表达自己的观点时采取的方式也不尽相同。比如，性格较内向的下属，在表述一些敏感的问题时可能会更加隐晦。这需要新经理人在平时多与下属接触，多了解下属的动态，这些对正确理解下属的意图很有帮助。

2. 站在对方的立场去倾听

下属在讲述自己的想法时，可能会有一些看法与公司的利益或新经理人的观点相违背。这时不要急于与下属争论，而应该认真地分析他的这些看法是如何得来的，是不是其他下属也有类似的看法？为了更好地了解这些情况，新经理人不妨设身处地地站在下属的角度，为下属着想，这样做可能会发现一些自己以前没有注意到的问题。

3. 听完后再发表意见

在倾听结束之前，不要轻易发表自己的意见。由于你可能还没有完全理解下属的谈话，这种情况下妄下结论势必会影响下属的情绪，甚至会对你产生抱怨。新经理人在发表自己的意见时，要非常谨慎。特别是在涉及一些敏感的事件时，尤其要保持冷静，埋怨和牢骚绝不能出自新经理人之口。对员工而言，你的言论代表着公司的观点，所以你必须对你说出的每一句话负责。

4. 做记录，并且兑现承诺

在倾听员工的讲述时，最好做一些记录，一方面表明你对他谈话的重视，另一方面也可以记录一些重要的问题，以防遗忘。新经理人对自己作出的承诺，最好也进行记录。作出的承诺，要及时进行兑现。如果暂时无法兑现，要向员工讲明无法兑现的原因，以及替代的其他措施。

倾听，并非被动地接受，它应该是一种主动行为。管理者在倾听时，不是机械地“竖着耳朵”，而要边听边想，跟上对方的思路与情感。管理者对于倾听的重视程度，反映的是他对于下属的态度，反映的是他的管理水平。请记住，倾听不仅仅是用耳朵，更要用“心”。

做个幽默的上司

"与众相得"这一思想可以从多个角度去分析。所谓"与众相得"者，当能与众同乐。唯有与下属打成一片，你的工作才能得到下属的鼎力支持。于是，"幽默"便成了管理者不可不修习的一门技巧。一些管理者很讨厌下属开自己的玩笑，自己也不会去和下属开玩笑，他们以为这样做是在维护自己的威严，实际上却是让自己的形象变得更加冷硬而已。适当地和下属开开玩笑，会使上司显得和蔼可亲，不那么高高在上，这更有利于工作的开展。

现代美国工商界的大人物们都能接受别人的玩笑，其中有些人不仅乐于接受取笑，还善于用玩笑礼尚往来。有幽默感的老板们甚至以欣赏的态度对待他人的玩笑。在他们看来，开玩笑表示喜欢。

开几句老板的玩笑话，可能会帮助你缩短人际关系的距离，不仅包括和同事的关系，也包括与老板的关系。难怪有人说，最好的沟通办法是让上司和你一起笑。假如你遇上了一位富有幽默感的上司，你可以说："我已经快被压扁了，不是肩膀碰了别人的车轮，就是脑袋碰上了别人的长矛。谁愿意在那个位置上工作？"

他可能这样答复你："好吧，我给你升一级，希望你在这最后的半个月工作中感到满意。"

有的专家研究认为，在说玩笑话的时候，常常用反语来表示真正的含义，所以玩笑往往是夸大其词，但效果确实不错。

案例陈列

约翰·布鲁斯是一家大公司的部门主管。作为一名管理者，他一直在反复问自己："下属们真正喜欢我吗？"

幸而，约翰·布鲁斯很有幽默感，他开始把幽默发展为感召力量。我们来看看发生在圣诞节期间的一件小事，他的幽默力量是如何发挥的。

约翰·布鲁斯去开一项业务会议回来，发现他属下的职员们聚在办公桌旁，哼唱着韩德尔的神曲《弥赛亚》中的一段哈利路亚大合唱。

由于他的出现，歌声立马中断，每个人都急急忙忙地奔回工作岗位。

但是，约翰·布鲁斯没有皱眉头表示不悦，也没有大声责骂，他只是慢慢说道："我可以断定，你们并不精于此道。"

妙语新悟

约翰·布鲁斯的这种处理方式，既使下属们感受到他是容易亲近的，同时又达到了提醒的目的，真可谓是一举两得。

在人生的长河中，任何人在工作中都会发生失误，而许多失误在于墨守成规，失去进取的冒险精神。但反过来看，正是失误和过错才能使我们更准确地了解自己，因而产生更强的自信感。只有那些能够意识和接受自己所犯错误的人，才算是真正地认识了自己的能力。承认自己的过失也许是个冒险，很多人不愿意或不可能这样做。可是这冒险是值得一试的，比别人早一步承认自己的过失，有可能使你失去一些东西，但你得到的也许更多一点。因为承认自己过失的举动证明你是个诚实的人。尽管这种做法有的人会认为是"犯傻"，但更多的人对你的批评或指责反倒会理解。假如用幽默的方式显示出自身的缺点和过失或工作中的矛盾，就可能在你和下属之间形成一种轻松亲切的感情交流，在相互理解、礼貌友好的交谈之中，建立起良好的工作共事关系。当领导不但要有威严，还要有亲和力、有人情味，死板着脸未必能获得拥戴，适当地跟下属开开玩笑，对于拉拢和控制部下往往能收到异乎寻常的效果。

是故，在现实生活中，如果你是一位领导者，应该注意：

1.当别人向你开玩笑或取笑你的时候，不管你喜不喜欢对方的幽默，都要尽量和大家一道笑，以此表现一位领导者所具有的幽默风度。比如一个老职员说："经理已经同意在我的银婚纪念日那天放一天假。他可真是慷慨，甚至提醒我注意，不要每隔25年就麻烦他一回。"

2.在笑自己的时候，不要以自己为中心。要运用幽默的方式表现对下属的体谅与关心，从而鼓励他们的乐观态度。"经理可真行，他要求我们准时上班不要迟到，办法就是只给100位职员提供50个停车位。"

3.对玩笑要有适当的节制。为了工作的正常进行，你和下属都不可能把大量时间花费在无休止的玩笑中。玩笑多了也会使人感到懈怠和厌烦。总的来说，上级与下属之间的玩笑应当有利于工作的进展，否则就是无聊的玩笑了。

诚然，对待工作，我们应该秉持科学、认真、严谨的态度，但这并不等于不苟言笑。我们或许不会嘲讽下属的工作错误，但在为其指明错误时，也不能过于苛刻，激起下属的叛逆情绪，阻碍工作的正常运转。请记住，我们的根本目的是成功，在这种前提下就应该维持乐观的工作氛围，管理者需要以自身的幽默来渲染团队的情绪。

不偏不倚，一视同仁

孙子以"五德"告将者，五者缺一不可。其中的"严"便要求领导者要坚定认真地执行部队纪律，严于律己，一视同仁，不偏私，以保证人心的信服。世上没有万事皆能的人，也没有一无是处的人。尺有所短，寸有所长，再"高贵"的人也有其致命的弱点，再"低贱"的人也有他人所难企及之处。这个道理虽然人人都懂，但未必人人都能身体力行。

在企业中，下述现象屡见不鲜。领导者对一些员工倍加信任，视为心腹，对其他员工则处处设防，甚至让前者去监视后者。员工能谅解领导者因经验不足而出现的失误，却无法容忍企业领导的不公正作风。如果亲一派、疏一派，厚一伙、薄一伙，"一个锅里做出两样饭"，势必导致企业内部怨气丛生、人心涣散。下属必然觉得领导不公平，工作积极性被挫伤，有的甚至会冲撞领导。

其实，人是生而平等的，所以要以平等的态度对待每一个人。有的公司虽然薪酬不算很高，但他的员工却很少跳槽。因为公司领导认为人是平等的，如果有高下之分，也是因为品德、能力而非职位。每个人因机会和遭遇不同而包装不同，但在人格上绝无高下之分。而员工们十分珍视公司里平等的气氛，上司平等待人的态度使员工们都感到是在为自己工作。如此一来，公司的迅猛发展也就可想而知了。

案例陈列

美国零售巨头沃尔玛公司的"顾客至上"原则可谓家喻户晓，但是，沃尔玛公司在奉行"顾客是上帝"的同时，也维护员工的利益，尊重员工的人格。因为无论是顾客，还是员工，人格上都是平等的。

他们认为，在员工与顾客发生冲突时，不要当着顾客的面批评员工。在把顾客心平气和地送走之后，要了解真实情况，准确判断是非。如确系员工的责任，当然要严肃处理，如责任确实不在员工，就要尽最大努力做好安抚工作。如去看望一下员工，给予适当的经济补偿，等等。

员工感到自己与顾客在领导眼里是平等的，领导是明辨是非的，天大的委屈也会消失。员工有了受尊重的感觉和安全感，工作就会受到鼓舞。

妙语新悟

可见，"平等"对于下属的感情而言是何等重要。管理者要想客观地对待员工，就不能与一部分或个别人过分亲密，而同时过分疏远另一方。在工作问题上，应该是一律公平看待，工作上一样支持，不要戴"有色眼镜"看人，更不能"看人下菜"。

员工一次成绩的取得绝不能成为他赚取私人感情的资本。你对某个员工的偏爱，会让其他的员工为你们的这种亲密关系不知所措。一个个问号会在脑海中被肯定了又否定，否定了又肯定，在一段时间的折腾之后，他们与你和你所喜爱的那位员工的距离会越来越远。

由于待遇的不平等、机会享受的不公正（至少他们会认为是这样），企业的人际关系变得紧张了，员工们从你的偏爱中也学会了选取个人所好来加强个人的势力。结果，最糟糕的事情发生了，企业仿佛变成了四分五裂的散体，无数的小阵营使企业的这股绳结出了许多解不开的"死疙瘩"！

犯了错误的员工通常都有自知之明，他们在对自己行为检讨的同时也是懊恼不已。你对他们的归类，不仅使得他们的信心又遭受了一次打击，而且，他们还会产生破罐子破摔的消极情绪，并对企业与领导产生了极强的敌对抵触情绪，这显然是企业安定团结的一种巨大的潜在危险。

管理者倘若真能以平等之心看待每个人，就不会依着形骸以外的桂冠而趾高气扬，也不会因为位卑而唯唯诺诺，由此而真正地达到宠辱不惊的至高境界。

一视同仁，说起来容易，做起来难，一个力求公正的管理者首先要警惕不要在以下两方面误入歧途。

1.公正不等于公平。公正是公平的前提，公平是公正的体现。但是，公正了不一定就能公平。例如，管理者为实施激励，出台了一些相应的规定以配合奖惩。但很多人为了达到奖励标准，会根据考核办法，全力做到符合规定，这时真的、假的、半真半假的、亦真亦假的情况都会出现，弄得考核的人头昏脑胀，很不容易分辨清楚，以致每次公布结果，员工都觉得不公平。

最好的办法便是根本改变公平的观念。管理者坦诚说明"我只能够公正，却很难保证公平"。如果管理者自己强调"公平"，员工就会用不公平来批评他。得到奖赏不感激，未得奖赏不服气，完全是管理者自认为公平所招致的恶果。坚持公正但承认不公平的存在，是解开两难选择的突破口。

2.特殊情况需要特殊处理。我们强调的"一碗水端平"，是指对待员工要一视同仁，然而这并不是说，你要对所有的员工进行绝对一样的管理。

企业是由不同类型的员工组成的"大家庭"，为了最有效率地进行管理，领导者需要了解那些为你工作的员工，而且要试着把他们看做独立的个体。即每个人都有各自的优缺点、喜爱以及专长，你还要了解需要做的都是些什么，然后再考虑哪个人能干些什么，谁愿意干，只有这样才能让员工为企业转动起来。

因此，领导者应该针对不同类型的员工采取不同的管理方式，一句话，就是"特殊情况特殊处理"。这是对"一碗水端平"原则的有益补充。

对员工一视同仁，是领导者处理与员工关系的重要原则，也是赢得员工信任的重中之重。只有做到这一点之后，才能使针对不同员工的专门管理方式变得行之有效。所以，要成为出色的管理者，就必须赢得员工们的心，获得员工的依赖和支持。人是企业中第一宝贵因素，任何时候都不可缺少。钞票没有了可以赚回来，机器坏了可以修理，但如果失去了员工的向心力，只怕千金也买不回来。

第四篇

"军形"说"管人"
唯管有道方凝聚

"军形"有云:"善用兵者,修道而保法,故能为胜败之政。"其意为:善于指挥战争的人,必须修明政治,确保法制,从而能掌握战争胜负的决定权。由此可见,在现代企业经营中,管理者必须强化内部管理,从各个方面修明自身,建立起完整的内部机制,"修道而保法",才能增强企业的向心力与凝聚力,使企业立于不败之地。

依"法"治人才是硬道理

"善用兵者，修道而保法"——在孙子看来，为将者唯有严明法制，建立明确的法道，令兵士有法可依、有章可循，才能更好地统御下属。组织的主体是人，而保障秩序不发生混乱的是制度。所以要把企业运作好，管理者首先需要建立一套完善的制度。制度设计合理、运作有效，企业高效运作，员工士气高昂，企业蒸蒸日上。所以，及早建立一套合理的制度至关重要。

"法者，曲制、官道、主用也。"所谓曲制，即军队的编制，沿用于今，可引申为组织机构的编制设计；所谓官道，即为将者的管理原则和制度；所谓主用，即军队的用度——粮食、军械、辎重等后勤保障体系。上述三者，涉及组织设计、人员管理的原则及制度、物资管理原则与制度，共同构成了军事管理的三大要素。

对于管理下属而言，哪怕是有缺陷的制度，也比没有制度好得多。管人者以制度说话永远比依靠个人的发号施令更有力度，也更有效率。古今中外制度的内容和角度多有不同，但紧握"制度"这柄尚方宝剑的出发点却是一致的。

有这样一件事可以说明制度的重要性。

案例陈列

　　18世纪，英国的库克船长航海发现大洋洲后，随后大洋洲成为大英帝国的领地。但是，当时大洋洲是一片辽阔而荒凉的大陆，英国没有人愿意到那里去，该怎么开发它呢？这时英国政府想了一个不错的主意：把犯人统统发配到大洋洲去。一些私人船主承包了运送犯人的工作。最初，政府以上船的人数为标准支付船主费用。船主为了牟取暴利，尽可能多装人，却把生活标准降到最低，以致犯人的死亡率很高。英国政府因此遭受了巨大的经济和人力资源损失，他们想了不少办法都没有解决这个问题。

　　后来一位议员想到了制度的问题。因为政府以上船人数付给船主报酬的制度存在缺陷，那些私人船主正是利用这一制度上的漏洞而从中牟利。假如倒过来，政府以到大洋洲上岸的人数来计算报酬呢？政府采纳了他的建议，采用另外一种计算方式：不论你在英国装多少人上船，一律以在大洋洲上岸时清点的人数为准支付报酬。如此执行一段时间以后，英国政府再次调查发现，运送途中死亡的犯人大大减少，有些船主运送几百人几个月的航行竟然没有一个人死亡。犯人还是同样的犯人，船主还是那些船主，制度的改变解决了所有的问题，这就是制度的力量。

妙语新悟

　　在现代社会的企业管理中，制度的重要性更是不言而喻。

　　企业是关于人的组织，而人的复杂多样的价值取向和行为特质，要求企业必须营造出有利于共同理念和精神价值观形成的制度和文件环境，并约束、规范、整合人的行为，使其达成目的的一致性，最终有助于企业共同利益的实现。因为从根本上说，经济学关于人性本懒惰自私的假设在商品经济社会里从提高管理效率的角度来说，还是放之四海而皆准的。所以，在任何单位里，都需要规章制度。一套好的规章制度，甚至要比多用几个管理人员还顶用。

那么，对于一个健全的企业而言，基本的制度应该有哪些呢？

1. 管理制度。

2. 完善的用人制度。

3. 有效的竞争制度。

4. 合理的薪酬制度。

值得一提的是，无论制定什么样的规章制度，管理者事前都要详细了解实际情况，整理分析各类问题，再制定规则，这样才有意义。若徒有冠冕堂皇的条文，而与现实情形背道而驰，则无异于一纸空文。

另外，作为一套规章制度必须与时俱进，必须适应时代的变化，才能发挥管好人的作用。

因此，作为一个管理者，必须时刻注意本单位的规则，发现不切实际或不合情理的要及时纠正，不断改革，这一点很重要。可以这样说，一个好的规章制度必然是不断发展不断改革着的。这样的规则是活的规则，只有活的规则才有意义。

有制必依，违制必究

当制度确立以后，有时我们"军令"虽明，但却执行不力，这便是孙子所说的"吏士之罪"。因此，管理必须将制度落实到位。企业的制度、章程具有严肃性和权威性，不能只是纸上谈兵。制定制度是管理的基础，接着如何将制度落实才是更为重要的事情。一旦颁布实施，全体员工都要受其约束，任何人不得违反规章的规定。规章作为一种行为准则，它不是可有可无，而是只要制定了，就必须执行，非经规定程序不可随意变更。

有些企业虽然制度非常完善，但是存在着落实不到位或执行不力的现象。作为企业管理者，有责任推动合理的规章制度的贯彻和落实。若有人不按照规范办事，违反公司规章制度，给企业造成一定损失，就应给予相应处罚。

西方管理学家曾提出一个"热炉法则"，它的实际指导意义在于指导企业如何让员工遵守制度。与奖赏之类的正面强化手段相反，而惩罚之类则属于反面强化手段，"热炉法则"应用"三性"来完善管理制度，即即刻性、预先示警性、彻底贯穿性。如果有人在工作中违反了规章制度，就像去碰触一个烧红的火炉，那么一定要让他受到"烫"的处罚。只有这样，才能做到令行禁止、不徇私情，真正实现热炉法则。

只有以"铁手腕"严格执行既定的规章制度，才能管理好企业。严格、严厉，不讲情面，管理企业要这样。从某种程度上讲，任何企业要想让组织高效运行，就应该执行严格的管理政策。

　　但是，应该清楚，"绝不手软"并不是滥施权力、粗暴蛮横地对待员工，以显示自己的威信。对雇员要公道，在处罚时要有充分的依据，它包括解释清楚公司为什么要制定这条规章，为什么要采取这样一个纪律处分，以及希望这个处分产生什么效果。

案例陈列

　　英特尔从创立开始就非常强调"制度"，处处都有清楚的规定，每天早上的上班制度就是最明显的例证。在英特尔，每天上班时间从早上8点整开始，8：05分以后才报到的就要签名在"英雄榜"上，背负迟到的"罪名"。即使你前天晚上加班到半夜，当天上班时间仍是上午8点。这和20世纪70年代嬉皮盛行、个人享乐主义凌驾于一切的美国有些背道而驰，可是却延续至今，始终如一。

　　英特尔整个公司的管理制度都很严明，从制造、工程到财务，甚至行销部门，每件事情都有清楚的规范，人人都以这些规范来作为自己工作的准则。许多公司重视人性化管理，以重视员工为口号，只有英特尔强调制度胜于一切。这种注重企业自主管理的经验和方法，使英特尔的企业文化独树一帜。

妙语新悟

　　我们要知道的是，执行任何的规章制度，目的都是为了维护良好的秩序，而不是处罚本身。因此，你应该向你的雇员表示你对他的信任和期望。在对违反规定的员工处罚完以后，要肯定他的价值，以向上的激情去鼓励他，消除他对处罚的怨恨和郁闷之情。

现实中，也有许多管理者认为"这些规定谁都知道，我没有必要整天把制度挂在嘴边"。但是，新来的雇员，甚至有时有些老雇员，直到自己违反了某项规定，才恍然大悟，才知道原来还有这样一条规定。因此，加大对制度的宣传、学习也是十分必要的。

当然，作为企业主管人员，自己更应该明白以身作则的重要性。如果你没有这样做，那你就是在向其他员工表示，制度只不过是一种摆设。同时，你也不应该不分青红皂白，草率地惩罚或处分员工。在你做出判断之前，甚至是在你做任何事情之前，你必须知道事情的来龙去脉，并要搞清楚员工为什么要这样做，他的动机是什么，等等。

世界上不管是跨国公司，还是私营商店，对经营管理都十分重视，不但有现代化的系统论管理、方针目标管理，而且部门与部门之间都有一整套的管理办法和管理制度，像一架机器一样不停地、有条不紊地运转着。

"热炉法则"阐述了罚款制度的四大惩处原则。

1.预警性原则

热炉通红，不用手去摸就知道炉子是热的，会烫伤人。这通红的"火炉"就好比法规，是一柄时刻悬在每个人心头上闪着寒光的"达摩克利斯剑"。每个管理者虽权力在握，但不可忘乎所以，必须常怀敬畏之心，自觉接受法规的约束和教育，时时想想那通红灼人的"火炉"，想想人生道路上的"红绿灯"，就不敢为所欲为了。

2.必然性原则

每当你触摸到热炉时，无论是谁采取什么方式触摸，都肯定会被烫伤，也就是只要触犯了国家法律，就一定会受到严肃惩处。"树上有一只鸟被打死，其他九只鸟却吓不跑"。这些"菜鸟"就是抱着一种侥幸心理，以为自己摸了"热炉"，不一定会被灼伤。克服这种现象，必须树立制度法规约束力的绝对权威，使那些贪婪之人掂量掂量炙热"火炉"的温度，也就不敢伸手了。

3.即刻性原则

当你碰到热炉时，立即会被灼伤，也就是惩处必须在错误行为发生后及时进行。"刑罚不时，则民伤；教令不节，则俗弊"。要想铲除腐败之癌，"除恶务快"是很重要的一环。

4.公平性原则

"热炉"没有任何"弹性"，无论什么人，无论何时何地，只要触摸了"热炉"，都会被烫伤。"伸手必被捉"。只要做到"不辨亲疏，不异贵贱，一致于法"，除恶务尽，有贪念者就不敢再去触碰"热炉"了。

"巨壑虽深，兽知所避；烈火虽猛，人无蹈死"。看来，我们必须充分发挥"热炉法则"的巨大威力，使"作奸犯科"者真正受到惩处和震慑，这样教育才有说服力，制度和监督才有约束力。那么在制动规章制度时，还有哪些问题不能忽视呢？

1.规章制度的制定不能违法。经常可以见到，在制定自己的规章制度的时候，很多企业由于对现行法律的不了解和不在乎，导致了与法律的冲突和矛盾，从而不具有法律效力。因此，在处理违规员工的时候，由于没有效力，难以产生作用。而且，由于得不到法律的支持，所定的规章制度不过是一纸空文。因此，规章制度内容必须合法。

2.规章制度要经过民主程序肯定。顺应民意,才能持久。然而,现在大多数企业在制定规章制度的时候,往往只是几个高端管理者或者董事会的成员制定实施。但我国法律规定,企业的规章制度应该通过民主大会的形式,经民意代表同意,并且多数员工通过,才具有效力。

3.规章制度应该及时修改、补充。市场不断变化,形势也在不断变化。因此,企业的规章制度应该不断地修正和改定,只有不断地推陈出新,制定适合当时情形下的法规,定期或不定期地检查,及时修改、补充相关内容,才能保证制度和规章的合理性、时效性。千万不能把规章制度制定好以后便完事大吉。

制定出的规章不是为了显示纪律严明。当然,并非每次的处罚都要一视同仁,它的意思不是说面对违规行为,采取统一的措施。而是说在相同的环境和条件下,违规行为都要受到同一种惩罚,不能有丝毫的偏颇。

完善用人制度

孙子关于将帅的论述,在今天对于企业选人用人机制建设,仍然具有很大的借鉴意义。在孙子看来,将帅的作用已然关乎国家的兴衰和人民生死存亡。如今的企业经营管理者就如同过去的将帅,在一定程度上左右了企业的命运。如何根据时代需求,建立起与现代企业制度相适应的选人用人机制，是每一名管理者所必须面对的重要问题。制度需要严格执行，已是不争的事实。企业在用人时更要如此。在用人方面日趋严格，这已经是大势所趋。松松垮垮的领导只会把一个团队搞成一盘散沙，无法协作工作。

在我国古代，使用时间最长的人才选用制度当属"科举制"。可以说，隋唐至明朝这段时间，科举制在一定程度上促进了我国文化事业的发展，具有积极的作用。不过，明朝以后，科举制度的消极作用逐渐膨胀，并占据主导地位，对社会进步和文化事业的发展造成了很大阻碍。可见，用人制度并不是一成不变的，它需要与时俱进，使其日趋严密、科学，标准逐渐趋向公开、公平、客观。一个企业只有建立起完善的用人制度，才能谋求更大的发展。

案例陈列

著名企业马克西姆餐厅的用人制度十分讲究并不断完善，对于员工严格任用、严格管理，不仅使员工素质不断得到提升，企业也不断壮大。

严格任用体现在以高标准来要求员工，以事择人，绝不勉强。一旦发现用人上的失误和漏洞立即修正，绝不将就。马克西姆餐厅制定了严格的等级制度，对于提升和任用各级管理人员，做出了十分严格的要求。不够条件或条件不成熟的，绝不轻易升迁。没有达到领班水平的，绝不能提升为领班，即使在领班短缺的情况下，也不可改变这一原则。这样做的结果是最大程度地保证了每一级工作人员的水平，提升了整个餐厅的服务水准。

严格管理主要体现在各项规章制度上。每项规定的内容全面而具体、详细，员工一看便知。从餐厅卫生条件到服务，甚至到回答客人的各种细节问题，马克西姆餐厅都有严格的规定。例如其中有一条规定是：对顾客提出的任何问题，永远不能回答"不知道"。如果遇到自己不清楚的问题，应向客人解释清楚，马上去寻求答案，然后给顾客一个满意的答复。这在服务人员中已经形成了一种习惯，他们都能做到尽力给顾客以满意的回答。

建立规章制度并不困难，难的是长期有效地执行和在实践中加以完善。马克西姆餐厅在这一点上，有它自己的独到之处。虽然它也像其他企业一样有着严格的惩罚条例，但它更注重调动工作人员的积极性，使他们能够比较自觉地遵守各项制度。

妙语新悟

可见，有章可循是用人的关键点，在管理中落实下去也同样重要，不能随意姑息迁就，否则就会使企业疏于管理而陷入混乱。只要全体工作人员都能认真主动地工作，就能够给企业带来财富。

总体上说，领导者在建立用人机制时，应注意从以下几方面入手。

1. 建立过硬的选用监督制度。人才的选用需要严格谨慎地加以甄别，不可任人唯亲。唯有如此，企业才能选到真正的人才，才能促使人才最大限度地发挥自己的潜能，才能使人才真正成为企业发展的雄厚资本。

2. 建立完善的用人保障机制。没有人可以一眼辨别出"庸才"与"人才"，"人才"潜能的发挥需要一定的时间，需要一个渐进的过程。领导者若想让人才充分发挥他的才智，就需要为他解除后顾之忧，给予人才生活上的保障。

3.建立完善的用人激励机制。一个良好的激励能促使人发挥出更大的潜能。那些成功的企业家在经营实践中认识到，激发出员工的热情和潜力，让他们最大限度地发挥自己的才智，企业才能够得到更长远的发展，企业和个人才能够达到共赢。

4.人才用在刀刃上。要想使人才成为企业发展的最大推动力，首先就要营造良好的用人环境，要纳贤、爱贤，要为人才找到适合其发展的位置，为各类人才充分发挥自身所长创造有利条件。

略有遗憾的是，长期以来，企业僵化的人事管理模式在某种程度上束缚了人才的发展。这就要求管理者们脱离墨守成规的状态，积极探索创新性的、先进的用人机制，去推动企业的人事改革，使企业内部形成"人人可用，人尽其职"的良好局面。

法不责众行不通

孙子向来提倡赏罚分明，有赏则必有罚，有罚则必有赏，绝不迁就。赏罚二者皆要有原则，要有一个度，不可使赏罚混乱。该赏不赏、该罚不罚，则人心必不服。不过，现代很多人认为，只有照多数人的意见办事才不会把事情闹大，才能和平地收拾局面。其实不然，不讲原则，迁就多数，势必后患无穷。现代社会讲民主，因此，少数服从多数成了理所当然的事。如果这个多数是由知识水准很高的人组成的，当然没有问题。但是，如果这个"多数"所代表的立场或观点并不正确、公平，管理者该如何做出决策呢？

法不责众，是说即使某种行为应受到法律的惩罚，但很多人都那样干，法律也就不好对他们都予以惩戒。其中暗藏着的逻辑是，个别人违法时应当追究，若违法的人多起来，就难以追究，以致不用追究而放任自流。

从管理角度看，当上司和下属都犯了错误时，处罚应该首先针对决策者，比如企业生产假冒伪劣产品，被消费者告发，应受处罚的应该是决策者，而不是制造产品的工人。因为决策是决策者制定的，决策错了，下面员工执行时才会出错。当然执行者不是没有错。

若处罚的时候将直接责任人与直接领导责任人同样对待，显然是不科学的。对于民主决策错误的，被处罚的人就是参与决策的人中同意了决策内容的人，而决策时持反对意见的人可以免责。决策方式不同，处罚的对象也就不同，只有这样，才能做到责、权、利一致。而我们现在的法律规定，并没有这样的区分，效果就不理想。

重要的是对真理的判断，哪边有真理，哪边就是对的。

有些心怀叵测的人很会蒙骗群众，以"多数"做后盾而提出无理要求，这样的"多数"就无须服从。在这种情况下，管理者可能会显得孤立，但这并不可怕，这种孤立必定是暂时的。

某厂有个工人盗窃了厂里的木材，数量虽然不很大，但性质肯定是偷盗。因为这人是木工，平时上上下下找他敲敲打打的人很多，都与他有点交情，于是，便都为他求情，只有厂长坚持要依厂规处理。

有人就说："少数服从多数嘛。"厂长理直气壮地说："厂规是厂里最大多数的人通过的，要服从，就服从这个多数。"

一时间，厂长似乎有点孤立，但时间一长，理解和赞同他的人便越来越多，而偷盗厂内财物的情况也从此大为减少了。

有家商店店面虽然不大，地理位置却相当好，由于经营不善，连年亏本。新管理者一上任，便决意整顿。

他制定一系列规章制度，这样一来，就结束了营业员们逍遥自在的日子，因此遭到一片反对之声，新管理者被孤立了。但他坚持原则，说到做到。不到两年，小店转亏为盈。当年终颁发奖金的时候，一个平时最爱在店堂里打毛线，因而反对新规定也最坚决的女士说："嗯，还是这样好。过去结绒线，一个月顶多结一两件，现在这些奖金足可以买几件羊毛衫了。"

由上述两个案例可以看出，倘若以上两位领导者听了大多数人的意见，不加处理，不做整改，不仅企业的不良风气会愈演愈烈，规范纪律也将成为一纸空文。届时，领导者威信扫地，这才是真正的孤立呢。

由此可见，法不责众的传统观念在现代管理中具有很大的弊端，而"依法责众"才是正确且合理的。为什么呢？

1.法可以且应当责众

显然，企业规章制度的执行在某种程度上会与员工的利益发生冲突。坚持法不责众，则意味着将冲突交由管理者全权处理，较之规章制度，更倾向于个人判断。这极有可能会令员工对公司的规章制度产生怀疑，已建立起的秩序也有可能会因此发生动摇。反之，只有"依法办事"，才能保证规章制度的威严性。

2.法应善于责众

古希腊伟大的哲学家、科学家、教育家亚里士多德曾经说过："法治应包含两重意义——已成立的法律获得普遍的服从，而大家所服从的法律又应该本身是制定得良好的法律。"也就是说，企业管理者要懂得"良法善治"。即管理者不但要保证制定出来的规章制度得到严格的遵守与执行，同时也要注意责众的方式与方法，将可能造成的伤害及导致团队不稳定的因素降到最低，毕竟一切制度的制定还是要本着"以人为本"的原则。

其实，每一个管理者所制定的策略，必然会有反对者。其中有对新策略不甚了解的人，也有为反对而反对的人。一片反对声中，管理者犹如鹤立鸡群，这种时候，要学会不怕孤立。

对于不了解的人，要怀着热忱，耐心地向他说明道理，使反对者变成赞成者。对于为反对而反对的人，任你怎么说，恐怕他也是不想接受的，那么就干脆不要寄希望于他的赞同。

真理在握，反对者越多，自信心就要越强，就要越发坚决地贯彻执行。

　　管理者以法不责众的做法求得一时的不孤立，最后只会更加孤立。假若他当时不搞改革，弄到工资也发不出的地步，他还能不孤立吗？

　　管理者在管人的过程中一旦形成"法不责众""迁就大多数"的思维定式，就会束手束脚，就会丧失原则。管人者欲求大多数人的支持，创造积极的管人局面，就必须坚决抛弃这种思维定式才行。

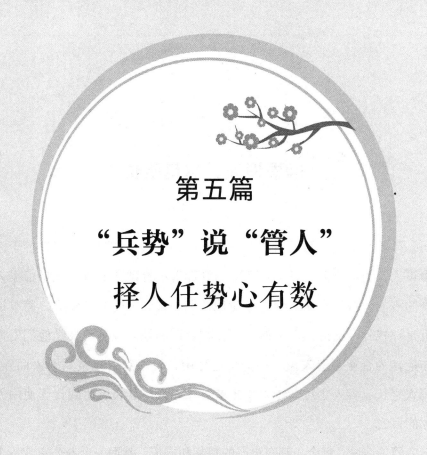

第五篇

"兵势"说"管人"
择人任势心有数

孙子在"兵势篇"中说:"故善战者,求之于势不责于人,故能择人而任势。任势者,其战人也,如转木石。木石之性,安则静,危则动,方则止,圆则行。故善战人之势,如转圆石于千仞之山者,势也。"

从孙子的这番分析中我们可以看出,要想正确地用"势",最主要的是"择人"。毕竟社会是以人为中心的,有了恰当的人,就可以更好地发挥"势"的作用。一般地说,所择之人应当具备这样一种素质,即能够掌握和利用态势。同时,各类人才要因才施用。精打细算、一丝不苟、长于计算者,可用于理财;管理严格、不徇私情者,可用于企业管理;头脑灵活、经验丰富者,可用于采购,等等。总之,要人尽其才。经营也是一种用人的艺术,如何调动从业人员的积极性,发挥其所长,必将使经营大获成功。这就是"择人而任势"。

因事设人，尽其所长

孙子对于人才的任用很有一套心得，他认为高明的管理者善于因事设人，而不会因人设事。高明的管理者在管理人才时，总是根据人才的潜能、特长和品德合理地使用他们。管理者的基本任务，简单说就是寻找到合适的人，把他们安放在合适的地方，然后鼓励他们发挥才能，为企业创造效益。在这个过程中，管理者要能做到因人而异、用人之长、容人之短，让人才各展其才、人尽其长，达到合理使用人才的目的。

简单地说，每个人都有自己的特长和弱项，然而一个办公室或一个公司里的职务就是那么多，如果根据取长弃短的原则给每个人安排一个职务，显然是不可能的。如果硬要安排，只能是形同虚设，毫无意义。在西方流行一种"能力制胜法"，即有多大能耐，就干多大能耐的事。这是公司管理者用人的一个方面。

所以，高明的管理者善于因事设人，而不会因人设事；他会尽量坚持取长补短的原则，给每个下属安排一个最适合的职务，但又不顺从他们，而是在职务的限制下让他们自由发挥。

案例陈列

L电器公司董事长赵某面临着艰难的抉择。他手下有两名爱将，多次临危受命，都曾为公司的发展立下过汗马功劳，且一直对他忠心耿耿。如今，他年迈退休，必须在二人之间选出一个来扛起公司大旗。可是，该选谁呢？ A君的特点是做事善始善终，B君的特点是精力充沛，能够多管齐下，一年内做出很多事来。按理说，二人论能力、论资历，都可以荣任总经理的职位，提谁上位，另一个势必心里不舒服。这两个爱将，老总一个也不想伤害，可又不能设置两个总经理职位。

思前想后，老总决定让二人来一个竞争上位，谁在一个月内完成的销售额高，谁就做总经理一职，另一个则去做公司的人事总监。二人欣然领命。结果，善于多管齐下的B君胜出，而A君愿赌服输，毫无怨言地去担任自己的人事总监了。

事实证明，赵某的这次任命是非常成功的。A君老成持重，善始善终，将人事工作处理得井井有条，B君思维敏捷、果断干练，令公司的业务蒸蒸日上，整个企业呈现一片欣欣向荣的景象。

妙语新悟

其实，赵某或许心中早已选定B君为公司的新任总经理，只是害怕伤害A君，所以迟迟无法做出决断。他倡议的"竞争法"其结果或许早已心中有数，但只有这样做才能让A君不生怨言，心服口服——毕竟自己能力有限，B比自己更适合做总经理。赵某的做法堪称高明，他因事设人，既稳定了爱将的情绪，又将他们任命到了各自合适的位置上，既避免了伤元气的内部争斗，又使公司走向了稳定、发展的局面。

要做到因事设人、人尽其长，管理者就应做到以下几点。

1.各就其位

事业为本，人才为重，人事两宜是用人的重要原则。人事两宜，包括两个含义。第一按照需要，量才使用。社会的发展不仅迫切需要各方面的人才，而且也为发挥人才的作用开辟了广阔的道路。积压人才，用非所学，不把人才分配到最能发挥其专长的地方去，强人所难，就会影响公司的发展。第二要了解人，而且要了解得彻底，还要有全面的观点，在使用人才时要职能相称、量才适用、适才所用。人才是有不同层次和类型的，要做到大材大用、小材小用，使相应的人才处于相应等级岗位，把人的才能、专长与岗位、职务、责任统一起来。

选人用人的时候，不仅要考虑全局，教育人们服从需要和分配，而且必须考虑人才的志趣、特长、气质、能力，做到合理使用，让每个人去干自己最擅长的工作，为他们提供充分施展才能的条件和机会，不要强人所难。这样既能避免大材小用，造成人才有余、浪费人才，也能避免小材大用、才不称职，贻误工作。

2.尽其所长

高明的管理者在管理人才时，总是根据人才的潜能、特长和品德合理地使用他们，分配给人才使用的权力必须足够使其发挥作用。如果出现错误，结合其优势督促人才合理改进，人才自然会愉快地接受。如果分配给人才的职位，根本不能发挥他们的才能，在这种情况下，人才连适应都来不及呢，哪里还能发挥什么才干呢？

3.因人而异

用人需根据人才的条件进行安排，人才发挥作用建功立业也同样需要有客观条件。条件不具备时，人才即使有比尔·盖茨、戴尔的能力，也会徒劳而无功，发挥不了作用。另一方面，人才各有不同，有的人善于按最高管理者意思做事，能做到这点时，他不容易满足；有的人志在管理好全局，全局管理好了，他就会高兴；有的人懂得管理社会事物，懂得什么事现在可以做，什么事将来可做，善于适可而止，长远安排。如果能辨别以上各种情况，那么这个管理者才能真正称为伯乐。

管理者要做一个现代的伯乐并不难，只要你在人与事的主次上恰当把握，就会做到因事设人，而不是因人设事。这样就会使公司形成每个人都能胜任自己的工作，每项工作都有合适的人来完成，从而提高公司工作的整体效益。一个公司要充满生机，前提是人人有其责、事事有人做、时时见效率，而这正是因事设人的益处。

人岗匹配，取长避短

孙子认为，善于用兵打仗的人，能够发现和创造有利的态势和机会，并能依据不同的形式选用不同的人才，因材而用，赋予他们不同的任务，从而发挥他们的最大效益，绝不会抱怨自己军中无才。因此说，用人如用器，贵在取其长而避其短。"尺有所短，寸有所长"。一个人的能力再全面，也会有其所不能；一个人无论多么平庸，也总会有其特长。身为掌权者，在用人的问题上应该明白，用人才是要用人之长，而非用人之短。各种人才各有各的用处，把他们都放到相应的岗位上，各种人才相互配合，则能形成一种最佳的企业整体经济效益。

取其长而避其短，为的是识人所长。识人的目的是用人，因此，着眼点就应放在一个人的长处上，注意力集中在一个人的优点上。正如管理专家克拉克所说："一个聪明的管理干部审查候选人绝不会首先看他的缺点。至关紧要的是，要看他完成特殊任务的能力。"

清代思想家魏源指出："不知人之短，不知人之长，不知人长中之短，不知人短中之长，则不可以用人，不可以教人。"

我们的管理方式来自融化在我们血液里的文化，中国人传统的思维方式的主体是改正缺点、日臻完善。但是人无完人，作为管理者、员工，我们自己又何尝不是各有长短？

所以，管理者要把目光从客户转移到我们的员工身上，把目光从员工的缺点转移到员工的优点上，给他创造一个更好的工作氛围和环境，真正地从内心关心他们、爱他们、包容他们，帮助他们用最擅长的方式去更好地投入工作中。

能不能用他们所长、容他们所短，这是对管理者最大的考验。

案例陈列

在一次工商界聚会中，几位老板谈起自己的经营心得，其中一位说："我有三个不成才的员工，我准备找机会将他们炒掉。这三个人，一个整天嫌这嫌那，专门吹毛求疵；一个杞人忧天，老是害怕工厂出事；还有一个经常不上班，整天在外面闲荡鬼混。"另一个老板听后想了想说："既然这样，你就把这三个人让给我吧！"

这三个人第二天到新公司报到，新的老板开始分配工作：喜欢吹毛求疵的人员负责产品质量管理；害怕出事的人让他负责安全保卫工作；喜欢闲荡的人让他负责产品宣传，天天东奔西跑联系各家媒体。三个人一看工作的安排都非常符合自己的个性，不禁大为欣喜，兴冲冲地走马上任。过了一段时间，因为他们卖力工作，新公司的经营业绩直线上升，生意蒸蒸日上。

妙语新悟

水不激不跃，人不激不奋。如何使人力资源发挥最大效能，用人者扮演着乐队指挥的角色，起着至关重要的作用。出色的管理者会用人所长，容人所短，让智者尽其谋，勇者尽其力。

事实上，人各有所长，亦各有所短，只要能扬长避短，天下便无不可用之人。从这个意义上讲，管理干部的识人、用人之道，关键在于先看其长、后看其短。若先看一个人的长处，就能使其充分施展才能，实现他的价值；若先看一个人的短处，长处和优势就容易被掩盖和忽视。因此，看人应首先看他能胜任什么工作，而不应千方百计挑其毛病。

在用人所长的同时，要能言其所短。短处包括两个方面：一是人本身素质中的不擅长之处；二是人所犯的某些过失。

其实，任何人才，有其长必有其短，识别人才重要的一点就是不可以短掩长。倘若识人，只注意某一个侧面，而这一侧面又正好是人才的缺点或短处，于是就武断地下结论，那么，这种识才的方式是非常危险的，大批人才将被抛弃和扼杀。孔雀开屏是美丽的，倘若一个人不看孔雀那美丽的羽毛，只看到孔雀开屏露出的屁股，就武断地认为孔雀是丑陋的，那就实在是有失公允了。

在我们的管理生涯中，每天都要接触到许多人，而每个人都有许多长处值得学习，可以成为我们的良师益友。例如，在一个企业里，就有许多小"能人"：有的写了一手好字；有的擅长绘画；有的是象棋盘上的英雄；有的是篮球场上的闯将；有的阅读了大量的古今诗词；有的通晓中外地理；有的富有数学家般敏捷的思维；有的具有歌唱家的天赋……多向这些员工学习，不就可以使我们置身于万绿田中的小苗，增添一些知识的养分吗？

"择其善者而从之，其不善者而改之"的态度和精神，也体现了与人相处的一个重要原则。随时注意学习他人的长处，随时以他人缺点引以为戒，自然就会多看他人的长处，与人为善。这不仅是提高自己修养的最好途径，也是促进人际关系和谐的重要条件。另外这对于指导我们处世待人、修身养性、增长知识都是很有裨益的。

1."人尽其才，物尽其用"。在某种意义上说，会用人的管理者，可以使任何人都派上用场，"智者不用其短，而用愚人之所长也"。

2.每个人都有自己的长处和短处，如何充分发挥其长，抑制其短，这才是用好人的关键之处。

3.管理者常犯的一个通病，就是往往看自己的优点和他人的缺点多，看自己的缺点和他人的优点少；或者只看到自己的优点和他人的缺点，看不到自己的缺点和他人的优点；或者喜欢拿自己的长处与他人的短处比较。在与下属相处中，就表现为对比自己优秀、比自己强的人不服气；看不起有缺点和错误的人；拿正确的道理当做手电筒，不照自己，只照他人。这样做，既阻碍了向他人学习提高自己的道路，也难免造成人际关系的不和谐，有时甚至会发生冲突。

"好钢用在刀刃上""骏马能历险，犁田不如牛；坚车能载重，渡河不如舟"。它们所表达的意思就是适当的人和物要用在适当的地方，即企业管理上常说的"人岗匹配"。也就是说，管理者在用人之时，一定要注意用其所长、避其所短，用人就用其最优秀的部分，这样才能实现企业效益的最大化。

组合人才，以尽其效

孙子列举的将帅五要素，说明将帅应是战略人才。战略人才是人才中的精英，是富有领导力的强人。现代企业领导者亦是如此。而判断一个企业领导者是不是将帅之才，一个关键条件就是他能不能将手下的人才合理组合起来，以使他们发挥出最大的功效。现代企业管理的理论与实践都证明，运用不同类型的人才，并将他们合理地组合起来，是企业人力资源规划的关键，也是一个企业能否对外发挥最大潜能的关键。合理的人才组合可以使人才个体在总体的引导和激励下释放出最大的能量。

一个团队只有实现人才之间的合理搭配，让每个人才得到最大限度的发挥，才能成为高效益、有活力的团体。一个人即使再能干，其个人的力量终究是有限的。企业在选人用人时，要认真研究个体，通过合理搭配，发挥出整体效益。人才组合不一定都要追求"强强联手"，重要的是要追求优势互补，将不同类型的人才进行合理的搭配。

很显然，人事调配并不是简单的事。由于每个人都重视自己的意见和观点，相互排斥的现象时时都会发生。人际关系如果无法密切配合，公司的政策就很难贯彻。这点在人事调配的时候，应该首先列入考虑的要素中，万一彼此有了摩擦，应该互相容忍、相互协调。

所以说，管理者用人，不光要考虑其才能，更要注意人员的编组和配合。比如，一个部门有三个经理，他们平级而无主从，此时，最好的安排是：一个富有判断力，一个具有协调的本事，另一个擅长行政事务，在这种人力资源状况下可组成一个有头脑、善协调、有生气的管理集体。如果三个人都擅长决断，意见相左时，势必各行其是，谁也不听谁的；如果三个人都具有行政能力，遇事就难有人出来拍板，而陷于琐碎事务中；如果三个人都只有协调能力，既无人决策，也没人做实际工作，那也干不成事情。

案例陈列

丹麦天文学家第谷有着极为敏锐的观察力，经过长期日夜观察，他获得了大量一手天文资料。此前托勒密的地心说统治着天文学界，第谷的学说也没有摆脱这一束缚。1599年，第谷请了一位助手，德国天文学家开普勒。开普勒没有第谷那么杰出的观察能力，但他的理论分析和数学计算才能非常突出。两人在一起合作不到两年，第谷就去世了。以第谷丰富、大量的观察资料为基础，开普勒进行大量的理论分析和研究，大胆地提出了火星轨道为椭圆形的开普勒第一定律，接着又提出了第二定律（行星与太阳的连线在相等的时间内扫过相等的面积）和第三定律（行星公转周期的平方等于它与太阳距离的平方）。开普勒行星运行三大定律的发现，有力地证明了它是第谷观察才能与开普勒理论、计算才能互补效应的结晶。

妙语新悟

其实，无论在哪一个人才结构里，人才因素之间都存在着个性差异，每个因素的气质、性格都各有不同。例如，有的脾气急，有的脾气缓；有的做事细致、耐心，有的办事麻利、迅速。这些不同的个性特征，都可以从不同角度对工作产生积极作用。如果每个人才因素都是一种性格、一种气质，工作反而难以做好。例如，全是急性子的人在一起，就容易发生争吵、纠纷。这和物理学上的"同性相斥"现象极为相似。个性互补，有利于把工作做好，中国女排的崛起就是个鲜明的例子。原女排教练袁伟民是这样总结的："一个队十几个队员应该有各自的个性，这个队打起比赛来才有声有色。如果把他们的棱角都磨光了，那这个队也就没有希望了。"这话讲得非常有道理。一般而论，人才都有着鲜明的个性特性，如果抹杀了他们的个性特征，就等于抹杀了人才，只有把他们组织在一个具有互补作用的人才结构中，才能充分发挥他们的作用。

关于合理搭配人才的技巧，本书为大家提供了以下几点建议。

1.高能为核。能力出色、技能突出、创新思维突出或具有某方面专长的人，必须作为企业人才的核心，让他们成为员工的带头人。这样才能调动各方面的积极性和创造性。在企业中，一般而言能力最强的是最高领导者如总裁、总经理等，其次是高层管理者、中层管理者的正职等。作为部门管理者，在工作中要注意培养各领域的带头人，让他们发挥"高能核"的凝聚作用。

企业的一把手决定着企业的发展方向和生存命脉。如果他们能力不足、热情不高、独断专行，再好的管理者和员工也难以发挥他们的才智。一些能力不错的员工之所以辞职，就是因为上司不仅能力平庸，还容不得下属比自己优秀。下属不但不能学到东西，还觉得备受压抑，看不到上升的希望。丧失优秀的人才，企业又怎么能在激烈的市场竞争中赢得主动呢？

2.异质互补。具备不同性格、专业、专长的人在一起工作，经常讨论，往往能互相激发想象力与创造力。因此，企业在运用人才时，应该根据岗位安排，将才能、性格不同的各类人才搭配在一起，以使他们之间进行互补。一个优秀的团队中，往往既有统御三军的帅才，又有领兵打仗的将才，还有协调八方的相才、执行决策的干才、精通业务的专才等。如果大家的性格、能力都差不多，不但无法互补，还容易造成相互排斥、相互否定，甚至相互拆台，形不成整体合力。

3.德才不逾。选人才要看能力，当然品德不可忽视。我们说"高能为核"，前提是达到一定的品德要求。企业的领导不仅要指挥企业获得经济效益，还必须以自己的人格魅力取信社会、征服员工，才能带领企业走向真正的、长久的成功。越重要的岗位，对品德的要求越高。

所以，企业合理的人才结构是"贤者在上、能者居中、工者在下、智者在侧"。智者在侧，是说企业要组成智囊团，他们不参与直线职能，而是集中精力于制定高瞻远瞩的战略战术。对于单个的人，委任时也要考虑其品德。有德有才，信而用之；有德无才，帮而用之；无德有才，防而用之；无德无才，弃而不用。

4.同层相济。一个企业里面，高、中、低各层次人才应保持合适的比例。一般说来，同一个层次的人不可过多，比如公司副职。否则他们在升迁等问题上会"撞车"，在日常工作中也容易扯皮和彼此拆台。其次，对同级不同部门人才的分配应尽量公平。如果将有能力的人都分配到 A 部门，升迁的机会只有那么多，僧多粥少，人才就会想方设法挤到 B 部门或者其他水平不高但升迁很快的地方去。这会使公司管理陷入混乱。

5.动态调整。企业面临的外部环境是不断变化的，所以对人才的运用不能一成不变。管理者应根据年龄、性别、专业技能等因素，不断进行人才与岗位的调整。比如通过提拔、调任、培训、竞聘上岗等手段，激发人才的活力。另外，当企业目标、工作情况有大的变动时，须做出较大范围甚至全面的调整。

另外，企业在用人过程中还应注意在一定程度上打破部门壁垒，有针对性、有计划地让人才作合理流动，让人才能在各方面学习，在更广阔的天地里发挥作用。同时，这也是一种培养全面人才的手段。如果人才不能合理流动，在小环境里，容易窒息人才，使企业丧失活力。

　　优秀的管理者不仅要看到单个人才的能力和作用，更重要的是要组织一个结构合理的人才群体。要将不同类型的人才进行合理的搭配，并把他们放在最合适的地方，互补互足，相互启发形成一个有机的整体。通过这样合理的组织结构来弥补人才的不足，以求达到人才使用的最佳效能。

第六篇

"虚实"说"管人"
因人而异巧用人

"虚实"有云:"故兵无常势,水无常形。能因敌变化而取胜者,谓之神。"即水根据地势来决定流向,军队根据敌情来采取制胜的方略。所以用兵作战没有一成不变的态势,正如流水没有固定的形状和去向。能够根据敌情的变化而取胜的,就叫做用兵如神。

同理,在企业中,每个员工都具有其与众不同的性格,更兼其所处环境、岗位、所遇之事的差异。所以管理者在统御时,亦不能一概而论,而应根据他们的特点采取最合适的方略,以达到管理的最佳效果。

全面、客观地了解下属

　　孙子说："知己知彼，百战不殆。"倘若管理者能够对被管理者形成一个客观、全面的了解，那么管理就会变得轻松很多。在现实生活中，我们却常常受到这种心理的影响。例如，我们在与某人交往，对方给我们留下的第一印象很好，我们就会觉得对方不错，会将对方的优点不断放大，而忽略对方存在的缺点。这就像是我们站在一个固定的角度去看一件事物，从我们所看到的去推断它的整体，用成语形容就是"一叶障目不见泰山"。

　　管理者也是人，在评判和选择人才时也难免犯这样的错误。比如仅凭第一印象便对某人做出判断或决定，从而难以真正地做到对部属有一个客观、公平并全面的认识。如此一来，必定会给管理工作带来影响，让管理者难以真正地发现人才，导致很难发挥下属员工的特长，造成人不能尽其用。

　　事实上，自古至今，在管理上所出现的问题，最基本的原因在于管理者没能对属于自己团体中的人员有一个全面、客观的认识和了解。我们都知道，管理，简单地说，就是管人理事。事是人做出来的，归根结底还在于管人。

试想一下，管理者对自己的部属都不怎么了解，又怎能管理好他们呢？这就像是，我们知道电脑对我们的生活以及工作有着莫大的帮助，可是我们却不知道电脑到底能有什么样的性能，拿它到底能做些什么，又怎么能用它来方便我们的工作、生活呢？

要管好一个团体、一家企业，毫无疑问就要对身在其中的人有一个公正、客观的认知。而要做到这一点，首先要做的就是打破识人时的光环效应。

管理者只有从光环效应中走出来，才能全面、客观地认识和了解部属，才能发现需要的人才，并且运用好人才，促使自我的事业更为兴旺。综观现今称雄于世界的各大企业，无论是微软，还是通用，它们之所以能够取得今日的辉煌，很大一部分的原因，就在于它们的管理者在识人用人时，做到了全面、客观、公正，而不会受到光环效应的影响。其中，松下电器王国的缔造者，被誉为日本经营之神的松下幸之助就是个高手。

案例陈列

能够全面、客观地了解下属，这方面松下幸之助可谓给所有管理者做出了榜样。其中最有名的故事是他大胆提拔山下俊彦为总经理。

山下俊彦起初只是一名普通的员工，但松下幸之助拥有一双独到的慧眼，并一直关心和尊重下属。一段时间的观察后，他看出山下俊彦具有出众才能，认为他是松下家族中根本找不到的杰出人才。山下俊彦在工作中对公司内部因循守旧等弊端看得准，锐意改革，成绩卓著。当时，松下公司里面凡是要职都被松下家族中的人把守。山下俊彦是外人，而且出身很低微，但松下幸之助不计较这些。在山下俊彦39岁时，松下幸之助力排众议，破格提升他为松下分公司部长，后来连续提拔他担任要职并委任他为公司董事。山下俊彦不负众望，真的成为整个公司中最优秀的"将才"。

1977年山下俊彦正年富力强时，在松下公司所有董事中名列第25位，松下幸之助再次将他直接提升为总经理。山下俊彦就任总经理后，迅速扭转了公司在市场上的不利局面，领导松下电器渡过了难关，并使其更加壮大起来。

妙语新悟

正因为松下幸之助具有杰出的识人眼力和独到的用人思维，才使企业不断发展壮大。如果松下幸之助没能走出光环效应的影响，他又怎么会去注意一名既不属于自己家族，又仅仅只是一名普通职员的山下俊彦呢，就更不会将山下俊彦破格提拔为总经理了！

诚然，对任何一个团体来说，要有所发展，管理者在招募以及对待下属时，必须从光环效应中走出来，做到全面识才用才。

1.走出自我，以客观态度看待人才。管理者若总是以自我为中心，以自己的好恶来评价人才，那明显是不客观、不公正、不科学的。

一些管理者在选人、用人时，常常不由自主地挑选那些和自己类似的人。性格耿直的管理者常选拔性格耿直的人；性格内向、作风沉稳的管理者却认为性格内向、作风沉稳的人最能干、最值得信赖。长此下去，管理层的年龄结构、知识结构、气质结构、专业结构会很不合理，直接影响管理效能的提升。

2. 不要先入为主，以用固有的思维、观念来评判下属。在很多时候，我们会受到早就存在，并被人接受以及认可的看法以及观点影响。这种看法和观点对管理者评定下属是不是人才，以及安排相应的工作影响较大。如果不能够消除脑海中的这种固有的思维和观念，带着这样的成见去看下属，往往会使得人才跟自己擦肩而过，将一些人放在不合适的位置，也就不能成为一名合格的管理者。

3. 把人才放在实际的工作中去检验。无论管理者有多么睿智，要对所属团体的人有一个全面的认识，最好的办法就是让他们去做一些实际的工作，让他们在工作中将自我的品性以及能力的优缺点自然而然地表现出来。这就像是日常生活中，我们在使用某一机器时，仅仅看产品介绍和说明书，不去实际使用，是很难真正知晓其功能以及如何安全、科学地运用一般。

因此，管理者在挑选下属、给下属安排相应的工作任务时，必须对下属有一个客观、公正的了解，千万不要以自我的思维和意识对他们做推测性的判断。

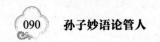

充分利用"另类人才"

孙子提倡人尽其才，要让每一个兵将都发挥他的最大效用，这样军队的战斗力才会大大增强。在他看来，即便是一些难以约束的兵将，也有其可取之处。在很多现代企业中，都有所谓的"刺儿头"，这些人狂妄自负，根本不把任何人放在眼里，但企业的很多事情偏偏离开他们还不行，这些"刺儿头"可谓是另类的能人。

怎样处理与这些人之间的关系，如何应对由这样的人引发的组织冲突，对于管理者来说，实在是一个相当有难度的挑战。

如果将这些员工全部炒鱿鱼，以保持组织的纯洁度，而到最后可能形成一个非常听话却平庸无比的团队——根本无从创造更高的管理绩效。

毛泽东曾说过："团结一切可以团结的力量！"把这些人物都团结起来，充分利用这些有强大能力或特殊资源的人，为企业的共同目标去努力。作为管理者，赋予这些另类的能人以重任，不但可以有效减少组织冲突，还可以让这些拥有各种资源和能力的人积极效力。

案例陈列

1860年，林肯当选为美国总统。有一天，参议员蔡思来他的办公室跟他谈事情，正巧一位名叫巴恩的银行家前来拜访他。巴恩看见蔡思从林肯的办公室走出来，对林肯说："总统先生，如果您要组阁，千万不要使用此人，因为他是个极其自大的家伙，他甚至对人吹嘘他比您要伟大得多。"林肯笑了，说道："哦，是吗？除了他，您还知道有谁认为他自己比我伟大得多呢？"巴恩答道："据我所知，没有。您为什么这样问呢？"林肯说："因为我想把他们全部选入我的内阁。"

事实上，巴恩说得没错，蔡思确实是个骄狂自大而且忌妒心重的家伙。他狂热地追求权力，曾参与总统竞选，不料落败于林肯，最后，只坐上了第三把交椅——财政部长。不过，他也的确是个大能人，精于财政预算与宏观调控。林肯一直十分器重他，并通过各种手段尽量减少与他的冲突。

后来，《纽约时报》的主编亨利·雷蒙顿拜访林肯，也特地好心提醒他，蔡思正在策划竞选，谋求总统职位。林肯以他一贯的幽默口吻对亨利说："听说你也是在农村长大的，我想你一定知道马蝇。有一次，我和我弟弟在农场里耕地。我赶马，他扶犁。被我们使唤的那匹马很懒，磨磨蹭蹭不愿干活。但是，某个时刻它却突然干活很卖力，跑得飞快。我想找到原因，便仔细观察它全身，这才发现，原来一只很大的马蝇叮在它的屁股上。我伸手正准备把马蝇打掉，我弟弟问我为什么要打掉它。我说不忍心看着马被它咬。弟弟说'哎呀，你不懂，就是因为有那家伙叮着，马才跑得那么快呀'。"然后，林肯意味深长地对亨利说："现在正好有一只名叫'总统欲'的'马蝇'叮着蔡思先生，只要它能使蔡思不停地跑，我还不想打落它。"林肯的胸襟和用人之道使他成为美国历史上最伟大的总统之一。

妙语新悟

在实际工作中，我们应该学习林肯，把那些像蔡思先生一样"另类"又有强大能力或特殊资源的能人充分利用起来，为企业的发展奠定坚实的基础。

通常情况下，这些人之所以敢做"刺儿头"，不外乎以下原因：

1. 有背景

"背景"有时就是一个人最大的资源。"刺儿头"的背景或许是社会名流，或许是老板，也可能是你工作中的某个具有重要意义的"合作伙伴"。从积极方面看，"背景"这种资源若能为管理者所用，在某些关键的时候能起到不可替代的作用。用常规的方法无法处理的这类难题，到了这类员工手里，有可能只是一句话的问题。

但这类员工特殊的背景在带来好处的同时，也为管理者平添了许多麻烦。

"刺儿头"们有的并无真才实学，却在工作中常常有意无意地向同事或上司炫耀自己的背景，以显示自己的面子和在工作中得到便利。比如，即便犯了错，仗着有"背景"，他们可以免受处罚。

2. 高学历、高能力、技艺独到、经验丰富

正因为他们具有一些其他员工无法比拟的优势，所以能够在工作中表现不俗，其优越感更进一步地凸显。这种优越感发展到一定的程度时，直接体现为高傲、自负，以及野心勃勃。他们不屑于和同事们交流和沟通，独立意识很强，协作精神不足，好大喜功，小事不爱做，不把领导放在眼里，甚至故意无条件地使唤别人以显示自己的特殊性。从工作能

力上看，他们中的大部分都是"精英"，是领导们倚重的骨干，但从公司管理角度来看，这些人很多时候扮演了一个"组织破坏者"的角色，可能会因此造成其他同事的反感，也可能因为与其他同事越走越远而成为团队冲突的源头。

对付这类"刺儿头"，管理者一定要沉得住气，不要和他们斤斤计较。但该批评时要敢于批评，适当挫一下他们的锐气；该表扬时要表扬，激发他们更进一步的热情。在这一柔一严之间，让他们心甘情愿地接受驱使，为己所用。

3. 性格"另类"、开朗、有个性

得益于自身的性格，这类人一般都具有不错的人缘。而且，那"上蹿下跳"的天赋令他们很善于集结关系。管理者可以将其从"死板"的工作方式中解放出来，令他们充当"急先锋"。如，给他们一些策划企业集体活动的工作，让他们充分发展个人能力，为企业创造良好的氛围，这样便可发挥出他们的最大效用。

值得一提的是，所谓另类，即意味着他们往往不会拘泥于形式。这或许正是管理者所头疼的。纪律规范、条条框框对他们而言，似乎并无约束力，如此一来，会不会搅乱企业辛苦建立起来的工作秩序呢？其实，这也是有必要考虑的，最终还是要看管理者怎样依据特点、凭借谋略驾驭这类人，并处理团队关系了。

容人之过，用人之能

孔子认为，高层领导若能勤政爱民，着眼于远处，胸中常怀大志，能容人之过，用人之能，便可国富民强、称霸一方，反之则这个国家岌岌可危。"容人之过，用人之能"是每一位领导者所必须具备的管理素质。正所谓"金无足赤，人无完人"，是人，难免会有犯错之时。作为企业高层，我们不能苛求自己的下属完美无瑕，倘若我们一味地强调枝节问题，抓住下属的"辫子"不放，那么上下级之间就很难搞好关系。久而久之，我们真的就无人可用了。

刘邵在《人物志》中说，那些性格刚正、志向高远的人，往往不善于做细致琐碎的事。这样的人一方面有着宏远的志趣，一方面在小事上又容易表现得粗心大意、迷迷糊糊。而严厉亢奋的人在法理方面可以做到有理有据、正直公平，但是缺乏灵活变通的一面，因而会显得暴躁、不通情理。性格宽容迂缓的人，为人很有仁义，重感情，但是办事会很没效率，有时候对时势也不能迅速准确地把握。好奇求异的人，性格狂放不羁，运用权谋、诡计则卓异出众，但如果用平常的道德观念来看待，这种人往往是违背常规不近人情的。

我们在企业管理中遇到不同个性的下属，就要区别对待，用其长处，避其短处，不能一味纠缠于细枝末节。

案例陈列

魏武帝曹操曾说:"有进取心的人,未必一定有德行。有德行的人,不一定有进取心。陈平有什么忠厚的品德?苏秦何曾守过信义?可是,陈平却奠定了汉王朝的基业,苏秦却拯救了弱小的燕国,原因就在于他们都发挥了各自的特长。"

陈平年轻的时候家境贫寒,他不喜欢下田劳动,都是兄长养着他,时间一长连嫂子都看不起他,甚至连老婆都讨不到。后来刘邦重用他的时候,甚至有人举报说他有与人通奸、收受贿赂的劣迹。而且陈平是先投奔项羽,后因项羽要杀他,便又逃走转投刘邦的。可是,刘邦并没有因此而小看陈平,相反比项羽还重用他。在后来的楚汉战争中,刘邦的许多奇谋妙计都出自陈平,并且在刘邦死后,陈平协助周勃诛灭诸吕,进一步巩固了汉王朝的基业。

苏秦是家喻户晓的人物,他先是到秦国游说秦惠王,出谋划策让他去统一天下;当他游说失败后,又转而到秦国的敌人那一方去游说——先是去燕国说服燕文侯,继而又说服了赵、齐、韩、魏、楚等国,身挂六国相印。像这种两头卖好的人,可说是无德之人。但是,他却可以使六国联合起来对抗强秦,六国也的确平安了数年。燕王如果不首先任用苏秦,那么弱小的燕国恐怕早就成了秦王案板上的鱼肉了。

妙语新悟

领导者是各种活动的组织者。领导者由于时间及职业要求所限,并不能事事都亲力亲为，更由于领导者最大的责任是有效组织，所以领导者必须"择人"。只有有效地"择人而任势"，领导者才有可能将自己的意图最大可能地实现。

下面，针对几种不同类型的员工，为大家介绍几种"择人"再"任势"的方法，一定会对你的管理工作有所帮助。

1. 强毅型员工

这类员工的缺点是易冒失轻进，权力欲望重，拥有自己的野心，服人不服法或是服法不服人，喜争功且又不能忍气。优点是意志坚定、果敢坚决，同时处世灵活，具有独当一面的魄力。这类员工堪称双刃剑，用得好便是左膀右臂，用不好则可能伤及自身，所以管理者应对这类下属多加注意。可以采用以下办法来面对这类员工。

（1）疏远法。故意冷淡他，假装忘记他的存在，打压他的傲气、削减他的锋芒。

（2）压制法。尽量"剥夺"能够让他一展才华的机会，当然，这只是暂时的。

（3）欲迎先拒法。对于他的示好淡然以对，待相处日久并感觉到他佩服你时，再与其"推心置腹"。

2. 急躁型员工

他们的缺点是脾气暴躁，随性情做事，对人不对事，容易将简单的事情复杂化。优点是急公好义，勇气可嘉，为人单纯容易相处，没有多少城府，对自己佩服的人言听计从。给出的管理建议是：

（1）有意识地培养他的合作精神。

（2）特殊对待，让他觉得领导对自己比别人更宽容些，以打动其心为上策。

3.好功型员工

这类人缺点是好大喜功，急功近利，忌妒心重易犯错。优点是胸怀大志，富有开拓精神，不甘人后，成功欲望强烈。倘若能在此基础上稳住自己，做事时深思熟虑，则很有可能取得大成就。给出的管理建议是：

（1）让他明白修养是做人的基本，不要对一时成败看得太重。

（2）他因争强而犯错时，切莫迁就。

（3）不打击自信，但不允许自负；不打击积极性，但不允许自作聪明。

4.雄辩型员工

他们的缺点是博而不精，专一性可能不够。优点是思维活跃，有谋士之能。管理建议：对待这类员工，你必须有足够的耐性和宽阔的心胸，尽量不要压制和打击他，以诚相待，用真诚换来他的鞍前马后。

5.固执型员工

他们的缺点是过于保守，认死理，缺乏创造性，不肯低头。优点是为人正统，立场坚定，值得信赖。管理建议是：

（1）下意识地安排更多的人和他一起参与工作决定。

（2）给予他一定的自主权、

（3）倘若他一意孤行，必须"给点颜色"。

当然，用人之事，每一个管理者均有自己的方法，但并不是所有管理者都能把人用得恰到好处。用人的学问在于：如何把优秀的人才选拔出来，放到合适的位置上用好用活。唯有如此，高效工作的局面才会随之而来。

　　所以说，在企业管理中，我们要善于用人所长，对于一些不关大节的过错尽量容忍宽恕，毕竟一无所长的人总是少数的，谁能善用人才，谁就可以做到更胜一筹，"泰山不择细壤，故能成其大"说的就是这个道理。

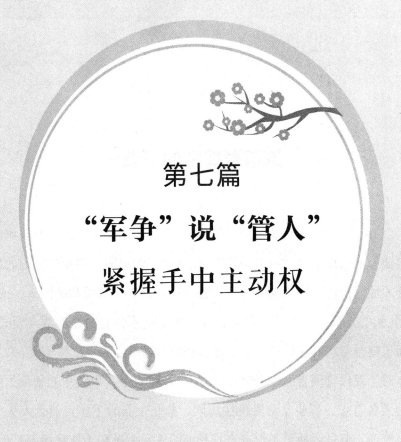

第七篇

"军争"说"管人"
紧握手中主动权

孙子曰："凡用兵之法，将受命于君，合军聚众，交和而舍，莫难于军争。军争之难者，以迂为直，以患为利。故迂其途而诱之以利，后人发，先人至，此知迂直之计者也。"他所提到的"以迂为直"，就是去争夺天时、地利，去争夺取胜的基本条件，为主动权的掌握创造条件。而有了主动权，就有了胜利的希望。

在职场上，管理者不可避免地要面对下属的争权，而一旦你失去了主动权，就意味着被动挨打。所以，管理者必须慎独慎微，时刻紧握手中的权力，对下辖制，去弊留利，化被动为主动。

驾驭爱捣乱的下属

"约束不明，申令不熟，将之罪也！"孙子认为，作为一名军队统帅，一定要有能力使下属"唯命是从"，以达到"约束明，申令熟"的效果，这样才能保持军队作战的高效性。每个企业都有少数爱捣乱的人，或说"刺儿头"式员工，他们不服从管理、我行我素，有的还以敢与领导对抗而自鸣得意。对这样的人，管理者必要时当机立断、严惩不贷。

对于现代管理者而言，管人是调和、解决复杂人事关系的烦琐工作，因为人各有志，那些常常爱挑拨离间、惹是生非的下属自然令人头痛，难以管理。但是要使员工形成良好和谐的人际关系和工作环境，必须解决这个问题，否则你的单位或部门就是个制造是非的地方，致使员工人心涣散、工作杂乱。要做到这一点，切忌让这种爱搬弄是非的人随心所欲，理当调教。

在任何地方的邻里当中，或者在任何社会团体之中，都不难找到这种人。如果允许他们为所欲为，就会对别人甚至整个团体或组织造成极大的损害。

据统计，一个群体中各种类型的人的百分比大约是这样的：

甲组：自我鼓励型的，约占 5%。

乙组：接受挑战发挥自己全部能力的，约占 5%。

丙组：被有领导能力的人督促才能把工作做好的人，约占 80%。

丁组：难以管理并且经常给上司出难题的人，约占 5%，对这种人需格外地下功夫。

戊组：完全不可救药的人，约占 5%。

那部分爱捣乱的下属，就属于丁组。他们的数目虽然不多，但为害却很大，一个企业里面如果有这么几个人，而领导又不懂得驾驭他们的办法，将会鸡犬不宁，严重影响企业的工作秩序和工作效率。

所以，管理者必须根据其特点，制定对付捣乱下属的具体办法，让他们俯首听命。

案例陈列

清朝名臣曾国藩的手下有一员悍将，叫陈国瑞，此人原是蒙古王爷僧格林沁的手下大将。他从未读过书，性格粗鄙，从不讲什么斯文道德，开口即脏话连篇。15 岁时他曾经投降过太平军，后来又投降清军，几经辗转被收在僧格林沁部下。此人个性极为强悍，只要是他想干的事，任天塌下来也要办成。打仗时，炮弹击碎了他手中的酒杯，他不但不避，反而抓起椅子，端坐在营房外，高叫"向我开炮"，使手下都很敬畏他。

要说他是粗鲁莽撞之人，僧格林沁比他有过之无不及。传说僧王是个暴虐、狂躁、喜怒无常之人，听手下汇报战况也要到处走动，赞赏时不是割一大块肉塞进对方嘴里，就是端一大碗酒强迫别人喝下去；发怒时则用鞭子抽打或冲过去拧脸扯辫子，搞得很多人都难以接受。只有陈国瑞不怕这僧王，他是打心眼儿里佩服僧格沁林。

僧王死后，曾国藩接替剿捻事宜，与陈国瑞军打上了交道。当处理陈国瑞与刘铭任所统率的两军械斗事宜时，曾国藩感到只有让他真心地服自己，才有可能在今后真正地使用他。于是，曾国藩拿定主意，先以凛然不可侵犯的正气打击陈国瑞的嚣张气焰，继而历数他的劣迹暴行，使他知道自己的过错和别人的评价。当陈国瑞灰心丧气，准备打退堂鼓时，曾国藩话锋一转，又表扬了他的勇敢、不好色、不贪财等优点，告诉他是个大有前途的将才，切不可以莽撞自毁前程，使陈国瑞又振奋起来。紧接着，曾国藩坐到他面前，像与儿子谈话那样谆谆教导他，给他订下了不扰民、不私斗、不梗令三条规矩，一番话说得陈国瑞口服心服，无言可辩，只得唯唯退出。

但是，陈国瑞的莽性难改，所以一回营就照样不理睬曾国藩所下命令。看到软的作用不大，曾国藩马上请到圣旨，撤去陈国瑞帮办军务之职，剥去黄马褂，责令戴罪立功，以观后效，并且告诉他再不听令就要撤职查办，发往军台效力了。陈国瑞一想到那无酒无肉、无权无势的生活，立即表示听曾大人的话，率领部队开往指定地点。

所以，曾国藩以软硬兼施的办法，剃了陈国瑞这个刺头。

妙语新悟

由此可见，要成为一个合格的领导，面对爱捣乱的下属你绝对不能畏惧、退缩！对于爱捣乱的人，需要特殊的方法对待，而且还得予以格外的注意，因为他们具有潜在的或者实际的破坏能力。他们能破坏人与人之间的友好关系，他们能在任何团体中制造混乱。

在这里，本书为大家介绍了一些驯服捣乱下属的技巧，希望会对你有所帮助。

1. 以严制恶。一些员工看似强横，不服管束，其实外强中干。对待这类人，你大可以对其严厉一些，用不了多久，他自然就老实了。

2. 以懒制懒。将两个懒散的员工放在一组，给他们下硬指标，完不成任务都得受罚。如此一来，二人谁都没有依靠，想偷懒都难。

3. 以能制能。赵某很有才华，于是眼高于顶、傲气十足，经常流露出对领导的不屑之意，于是老总将其交给一名精明强干、足智多谋的中层领导管理。果然，他的傲性慢慢被磨钝了，成为一匹驯服的千里马。

有言道："管人的工作是最难的。"作为管理者，最大的成就莫过于构建一支具有强大战斗力及高度协作精神的团队。我们需要像曾国藩一样，调动自己的智慧，对症下药，将那些难以管理且又举足轻重的员工团结在一起，最大限度地发挥他们的作用，为企业创造更大绩效。

该冷脸时就冷脸

一个合格的将领必须拥有丰富的知识，崇尚信义，仁爱有加，以人为本，如此才能吸引士兵的死心追随，这是孙子的带兵理念。同时，他又指出，领兵者必须维持某种程度的威严，这样方可在士兵面前保持足够的震慑力。这就是说，必要的时候应该对下属施以颜色。一个成功的管理者必定能给人一种难以言表的威慑力。这除了管理者本身的权力和气质外，其外表如何也是一个不可忽视的重要因素。所以，你如果想在下属面前显得更威严，还需要在外表上有管理者的特色，即增加外表上的威慑力。

领导形象的威严不是可有可无的，而是对下属实施有效管理的必要保证。你可以态度温和，可以在私下里与下属打成一片，但当你一声令下之时，下属要有前赴后继的精神才行，而这需要在平常不断地以严格来约束他，以威慑力来震他。

初看起来，这似乎是怪论，实际上这是有一定科学道理的。美国哈佛大学著名行为学家皮鲁克斯早就发现：管理者的外表威慑力胜过任何语言，是一种"外强力"的表现。

毫无疑问，绝大多数人都希望自己的外表有一定的威慑力。每位管理者应时刻意识到，确实有一些形象在不时地威慑着你，并且你也希望用形象去威慑他人。

我们不妨去看看雍正皇帝是怎样威慑下属的。

案例陈列

雍正元年七月，雍正在处理政务时偶然发现一本文书中缺了一个字。他把全朝文武大臣都召集过来，训导他们说："缺一个字虽是小事，你们不要以为就可以疏忽。如果你们肯用心细问的话，也不会出现这样的错误。抄写漏字虽然是中书（文书官员）的事情，但其他官员同样要引以为戒。如果大学士把责任推给学士，学士推给侍读，侍读再推给中书，那么朕也可以把过错都推给大学士。类似这样的小错不断，就会让天下的人都怀疑朕和大学士平时连奏折都不看，这还了得？"

同年九月初五，雍正跟臣子们一起参加祭祀活动，走过端门前时，发现新设立的更衣帐房内油气蒸腾，气味难闻，于是龙颜大怒，斥令主管工部的廉亲王允祥以及工部侍郎、郎中等人在太庙前跪了整整一夜。

雍正二年四月一天，雍正升殿，群臣都还没有落座，刑部官员李建勋、罗檀再也不行礼就坐下了。雍正见此情形，顿时下令将李、罗两人拿交刑部问罪，并告诫百官说："这几年爱卿们上朝时礼节很松弛、散漫，我父皇康熙并非不知道，只是他为人宽容，把这些当做常事，不认真去管，因此监察官员也就睁一只眼闭一只眼。朕即位以来，不会继续容忍这些不好的现象，必须狠抓。今后如果再有类似的失礼事情发生，我就要杀了这两个人了，到时候可别说是我要杀人，而是你们杀了他俩。"

妙语新悟

很显然，雍正是在借题发挥，臣下所犯的不过是小错，他却借此大做文章。必要时对下属给以颜色，才能树立起自己的威严，达到震慑下属的目的。

其实，我们很多人都有受到威慑的经历，从中是否可以悟出些许管理技巧呢？

通常，人们喜欢表现出自己对手上正干的事很在行，而事实上却知之甚少，或一窍不通，一旦被人点破就会受到威慑。最倒霉的、最常见的被威慑情形，就是在买家具、古玩或跟室内装修工打交道时。有时真不可思议，那些室内装修工就敢在最有权威的商人面前耍威风。其中最关键的一点就是，他们对本行是专家，而对方却知之甚少，因而受到威慑，而处于劣势。

一位心理学家说过："当你在别人的地盘时千万要小心行事，否则，你将在众目睽睽之下丢人现眼。"这里没有提到，要是在你自己的地盘又怎么样呢？绝大部分时间，这才是你遇到的问题，这时你应当利用地利的优势。一旦别人涉足了你从事的领域，你是这方面的专家，而他不是。无论你从事什么工作，会计、医生、建筑承包商、花商、殡仪馆经理、药房老板或经营旧汽车的商人，你都必须记住，对于你的工作，你远比来找你的人懂得多。所以，你就应该充满自信，有把握地主动出击。这样，你就不会处于一种被威慑的境地。实际上，如果你愿意，你现在就可威慑别人了。

很多人相信，医生是头号最具威慑力的人。一些医生命令病人干这干那，例如，他也许会说："我不管你有多忙，我要你现在马上来医院，我们将给你做彻底的检查，找出你头痛的原因！怕要整整一个星期才能查出结果来，我也不管！"当医生这样命令时，病人会完全照他说的去做。

一般而言，低声说话更有威慑力。低声讲话容易使人信服，因为它能显示说话人坚定的信心，而且少了虚张声势之嫌疑。当你的手下冒犯了你，别涨红了脸，而应像个自信的巨人般高视阔步。假使你觉得他想欺骗你,你就把有力的证据摆在后头。一个人的声音愈是大,他所表现出的力量就愈是小。只有懦夫才既威胁又大叫的。

还有不少人运用精心谋划的技巧威慑人,比如:

1.把办公室的家具摆放得让来人只能坐在一个较低的位子上,尴尬地仰着头看他,从而造成一种威慑的阵势。

2.直视对方眼手等某一身体部位,给对方以压迫感。

3.占据背光位置,可产生威慑效果。站在反光线的位置上,可给予对方有目眩的物理效应,同时也能产生各种不同的心理影响,让对方无法认清你的表情。而对方的形象却被阳光照遍了各个角落,暴露了身体的每一部分,这在一定程度上会使其惶恐不安。同时,置光于后的形象,也能与光融合为一体,使对方对你产生比实物更大的印象,这种后光照射的状态能使你在精神上压倒对方,确保自己优越的地位。

当然,类似这种人为地、刻意地通过外界因素增强自己外表威慑力的做法,我们并不一定完全提倡,而是主张从自身的内在气质和修养方面去强化自身的威慑力,从而由内而外起到威慑作用。这一点,是每个管理者必须明白的。

不管对下属、上级、同事、亲戚还是朋友,当你以管理者的身份出现,该板起面孔的时候就必须板起面孔,该严格要求的时候必须严格要求。这与管理者自身的性格和领导作风无关,而是维护权威、恪尽职责的基本要求。

拿稳"指挥棒"

孙子在所著兵法中多次提到"度"的把握。在他看来，带兵打仗必须以一个"度"为基准，进退要有度，任人要有度……当然，向部下授权也要有个度。管理者应清楚地意识到，倘若部下权力过重，难免会拥"兵"自重，这无论是对管理者本身还是对整个组织来说，都是一个非常大的隐患。一旦权力过重的部下起了二心，必将带来严重后果。

须知，一个乐队的指挥如果把指挥棒交给他人，节奏就会被打乱，合奏就会演砸，因为指挥棒是乐手们关注的焦点，是指挥家引导音乐走向的关键。

作为一个领导者，必须将自己视作是一个"乐队指挥"，而职责所赋予我们的权力便是一根指挥棒。指挥棒拿不稳，或被手下人侵夺，我们就不能稳定地操纵局面

有一个企业的总经理，对业务部经理的能力很是倚重，不但业务部人员的安排、业务开展等事完全交给他决策，而且有关企业营销战略的重大问题也基本由此人说了算。长此以往，此人拥"兵"自重，后来带领全部业务骨干另创新企业，把原企业的客户一股脑儿带了过去不说，整个营销模式完全套用原企业的。一个好端端的企业一下子成了空架子。这不能不说是那位总经理管人、分权问题上的重大失误。

这里有一个古代的例子。

案例陈列

西汉王朝建立前后，刘邦分封了一些非刘姓的异姓诸侯王，巩固专制主义中央集权。西汉建立后，汉高祖采取了翦灭异姓王的重大方略。

当时的异姓诸侯王共有7个，即楚王韩信、梁王彭越、淮南王英布、赵王张耳、燕王臧荼（卢绾）、长沙王吴芮和韩王信。其中除吴芮和韩王信外，前面5人在楚汉战争中协助汉王刘邦夺得天下都立下了汗马功劳。

西汉初年，社会经济凋敝，封建统治秩序尚待重建，高祖不得不暂时维持现状。但他对日益膨胀的异姓王势力时刻保持着高度的警惕，并且早已采取动作。垓下之战结束后，刘邦立即夺取韩信的兵权，将他由齐王徙为楚王，都下邳。

汉高祖五年（前202年）七月，张耳病死。不久，燕王臧荼谋反，刘邦亲自领兵镇压。剩下的五人中，楚王韩信、梁王彭越、淮南王英布对西汉王朝的建立立功最大，且都手握重兵，这成为汉高祖的心腹之患。在吕后的协助下，刘邦采取强硬的对策，一一翦除了几位异姓王。

高祖六年（前201年），高祖认为韩王信雄壮勇武，封地颍川北靠近巩义市、洛阳，南逼近宛县、叶县，东边则是重镇淮阳。这些都是天下的战略要地，就下诏命韩王韩信迁移到太原以北地区，以防备抵抗匈奴，建都晋阳，后迁到马邑。这年秋天，匈奴冒顿单于率大军包围马邑，韩王信多次派使者去匈奴求和。高祖派人带兵前往增援，但怀疑韩信多次私派使者，有背叛汉朝之心，便责备韩信。韩王信心中恐慌，害怕被杀，索性投降匈奴，并与匈奴约定好共同攻打汉朝。次年，刘邦亲自领兵征讨，韩王信逃入匈奴，后来与匈奴联兵侵扰边郡，被汉军杀死。

项羽的败将钟离眛素与韩信交好，投了韩信。刘邦和钟离眛有仇，得知钟离眛在楚，要韩信抓他，命韩信交出钟离眛。可韩信拒绝了。韩信刚到楚地时，出入都有重兵保护，仪仗威严，这更让高祖疑心。汉高祖采用陈平的计策，借口去南方的大湖云梦泽游览，实际上是要收拾韩信。他乘机逮捕韩信，把他带回洛阳，贬为淮阴侯，并严密地看管起来。刘邦仍不时与他讨论用兵之道。汉高祖十一年，韩信的好友陈豨谋反，韩信做他的内应，次年乘高祖亲自率军讨伐。韩信召集了他的门徒，意图袭击吕后和太子，结果为人告发。吕后在萧何的策划下，将韩信骗至长乐宫钟室处死，并杀光他三族。汉高祖听说这消息后，又喜又哀。

陈豨谋反，汉高祖亲自率兵平叛。他命令梁王彭越发兵增援。彭称病，不愿前往，这引起刘邦的不满。后梁太仆告发彭与其将扈辄意图谋反，高祖于是迅速逮捕了彭越，废处蜀地。押解途中，彭越遇见吕后，向她哭诉，辩称自己无罪，请求改徙昌邑。吕后口头上假惺惺地答应，却将彭越带到洛阳，对汉高祖说："彭越壮士也，今徙之蜀，此自遗患，不如遂诛之。"于是指使彭越的兵士出面告发彭越谋反，由廷尉审理后夷越宗族。又命人将彭越尸体剁成肉酱，遍赐诸侯，于是更引起了其他异姓王的恐慌。

淮南王英布本来是项羽的部下，与刘邦并无渊源。他见韩信被诛，心中本已不安，收到彭越的"肉醢"后，更是惊恐万状，立即私下集合部队，加强警戒。结果被人告发谋反。汉高祖十一年七月，英布起兵谋反。刘邦发兵征讨，并于次年十月平定淮南。

取代臧荼立为燕王的卢绾，与刘邦的关系最为亲密。因为陈豨谋反的事受到怀疑，刘邦派使者召绾。卢绾称病不行。他对幸臣说的一番话倒很能说明问题："非刘氏而王者，独我与长沙耳。往年汉灭淮阴，诛彭越，皆吕后计，今上病，属任吕后。吕后妇人，专欲以事诛异姓王者及大功臣。"汉高祖得知报告，非常愤怒，认定卢绾谋反。高祖死后，卢绾遂率其众亡入匈奴。

妙语新悟

现代领导学中十分强调合理授权，其实要点全在"合理"二字，因为在中国历史的各朝各代，不管朝廷管理机构如何变更、领导者的风格如何多样，没有一定的授权任何事都办不成，管理机构的运转便没有效率。问题的关键是如何把授权控制在合理的范围内，而对于必须由自己掌握的核心权力是一丝一毫不能放松的，这是个有方无圆的原则问题。

那么，有哪些权力是管理者必须紧握手中，不可放松的呢？

1.人事任免权。特别是对直接下属和关键岗位的人事任免权，管理者必须保留。而且人事方面的决定（评估、晋升或者开除）通常来说是很敏感的，而且往往难以做决定。

2.关系协调权。管理者必须保留对直接下属之间相互关系的协调权。协调下属之间的关系是非常重要的，也是其他下属所不能替代的。

3.机密的事务。分析你公司里工作的分类和薪级范围看上去很花时间，这似乎是首先可授权的工作。但由于牵涉到很多的利益，所以应该由管理者自己去做，不适合授权。

4.培养直接下属。作为一名管理者，培养你的直接下属不仅有利于你工作的展开，而且也是你的职责。

你的下属应该在他们的成长和发展过程中得到你的帮助，他们依赖你的经验、你的判断来辨别对他们成长有帮助的工作。这不是你该授权的工作，虽然你可以从他人那里得到一些帮助，但这是你的职责。

5.危机问题。危机总会不可避免地发生，假如发生危机，管理者应亲自坐镇，制订应对方案，很多事都应该亲力亲为，这不是你该授权的时刻。当处于危机的时候，要保证自己在现场起一个领头的作用。这样，有利于稳定人心，避免事态进一步恶化，为解决问题赢得宝贵的时间。

管仲《七法》有云："重在下，则令不行。"意思是说：如果下属权力过大，超出合理范围，国家的政策法令就会难以顺利地贯彻执行。是故，管理者必须做到心中有数，授权有度，才能拿稳手中的指挥棒，指引团队朝着稳定、健康的方向发展。

第八篇

"九变"说"管人"
不妨念念糊涂经

一个"变"字概括了《孙子兵法》的主要绝招。人世间的许多事都离不开一个"变"字，一变则通，三变则活，九变则大成，这便是"九变"篇的精髓所在。我们管人管事亦少不了灵活变通，倘若一味较真，免不了矫枉过正。有些时候，我们不妨在下属面前装装糊涂，用方圆之术去统御下属，趋利避害，方不失为一个灵活机变的领导者。

变无为为有为

　　"变"是孙子的绝招，带兵之人不能墨守成规。带兵的艺术在于变幻不定，因人而治，要张弛有度，恩威并用，以无为为有为，在潜移默化中将下属管理好。有些管理者想当然地认为，管人就是施展自己的权威，凭着一条三寸不烂之舌，让下属对自己"俯首称臣"。实际上，管人的工作远没有这么简单，它其实是一门高深的学问。你既不能因为自己的领导身份而对下属颐指气使，横加指责，也不能把身份降低到完全跟下属平等，以致他们不把你当回事的程度。你不能心机太深、算计太明显，让别人都觉得你这人不能信任、不可接近，也不能诚实到将所有心事都挂在脸上。你既不能整天刻板、严肃，威严过头，也不能嘻嘻哈哈、随随便便；既不能冷酷到不近人情，又不能脸皮太薄，心肠太软。你既要做到和蔼可亲、平易近人，又必须令行禁止，威严有度；既有菩萨心肠，又有魔鬼手段……可见，管人是一门艺术，更是一套高深的谋略。

　　两千多年前，老子就曾教导领导者要无为而治。做到了无为，实际上也就是有为。不仅是有为，而且是有大为。

案例陈列

《庄子》中有一段阳子臣与老子的问答。有一次阳子臣问:"假如有一个人,同时具有果断敏捷的行动与深入透彻的洞察力,并且勤于学道,这样就可以称为理想的官吏了吧?"

老子摇摇头,回答说:"这样的人只不过像个小官吏罢了!只有有限的才能却反被才能所累,结果使自己身心俱乏。如同虎豹因身上美丽的斑纹才招致猎人的捕杀;猴子因身体灵活,猎狗因擅长猎物,所以才被人抓去,用绳子给捆起来。有了优点反而招致灾祸,这样的人能说是理想的官吏吗?"

阳子臣又问:"那么,请问理想的官吏是怎样的呢?"

老子回答:"一个理想的官员功德普及众人,但在众人眼里一切功德都与他无关;其教化惠及周围事物,但人们却丝毫感觉不到他的教化。当他治理天下时不会留下任何施政的痕迹,但对万物却具有潜移默化的影响力。"这才是老子"无为而治"的至理名言。

被奉为日本"经营之神"的松下幸之助就非常精于管理工作的"无为无不为"理论。他曾说,中国的尧帝认为当政的人应当"无为而治",也就是说,帝王最好放任百姓依着自然生态之道,得到幸福康乐的生活,无所作为,这样便能实现天下安康,作奸犯科的事自然会平息,如此"无为",实际上达到了"无不为"的效果。

结合当代社会经济条件,这位"经营之神"对"无为而治"提出了自己的见解:"无为"不是说领导者完全撒手不管。要使"无为"变成"有为",必须具备三个先决条件。第一,健全的制度保障;第二,个人素质、修养达到一定层次；第三是组织或企业为员工提供充裕的物质保障。否则，"无为"不但不能成为"无不为"，反而变成祸乱的根源。

妙语新悟

　　领导者若想在工作中采用"无为"的办法，就必须先提高个人修养，满足下属正当需求。否则无为不但不能成为"无不为"，反而变成企业混乱、领导者下课的根源，这是身负管理重任的领导者所必须注意的。人事管理上提倡的"无为而治"有三个方面的内容：

　　1. 不要给下属安排过重的工作任务，让他们整天活在压力中；

　　2. 简要指出大方针，细则上尽量少指手画脚；

　　3. 对下属的具体工作尽量避免介入或干涉。

　　聪明的领导懂得收放自如，能找到"为"与"不为"之间的平衡点，能随时留心下属的动向，以悠闲自在的精神状态面对下属。他们能让平常的管理工作达到"无为"境界，就像鸭子若无其事、轻松自如地划过水面一样自然。

　　如果主管事必躬亲，连细枝末节、鸡毛蒜皮的小事都要过问、干涉，不但会打击下属士气，而且自己也会累得挺不住。

　　身为领导者，为下属创造一个舒适宽松的工作环境是他的责任。日常的工作要交给其他人去办，将职权分离出去。如此一来，自己才会腾出精力构思经营大计。大权独揽、事必躬亲的领导，是不会坐稳官位的。

　　其实，"无为而治"的精髓只是人力本身的"无所作为"，但制度本身则运行不违。制度严明，下属的注意力自然就转移到这些形式上的条文中，而不是管理者身上。管理者隐藏于制度之身后，以制度之"有为"行自身的"无为"，这才是真正聪明的管理之道。

不必事事都较真

为将者必须拥有多种面孔，要"善变"，有变方能通，这也是孙子对于"变"的解读。人非圣贤，孰能无过。与人相处过程中，难免产生纠纷、摩擦。如果紧盯着别人的缺点、过错不放，只会累人累己。聪明的人有度量，能容人，善于谅解别人，不在小事和无关紧要的事上斤斤计较，他们求大同存小异，于是经常能达到左右逢源、诸事遂愿的状态。古今中外，凡是能成大事的人都具有一种优秀的品质，就是能容人所不能容，忍人所不能忍，善于团结大多数人。这也是优秀管理者应当具备的品质。

要做到不较真，就要善于装糊涂。当认识到自己超出掌控时，对事态的发展采取一种静观待变的态度，也叫"顺其自然"。我们所不能驾驭、不能强求的，就不要去勉强。人不可避免有其自身的局限，重要的是要认识这种局限，承认你有所不能。然后，在你力所能及的范围内，你就无所不能了。所以，换个角度来看，糊涂是大智慧，不是混日子。

其实在日常管理中，很多事情我们确实没有必要太较真的。

案例陈列

唐代宗时，郭子仪在扫平安史之乱中战功显赫，成为复兴唐室的元勋。因此，唐代宗十分敬重他，并且将女儿升平公主嫁给郭子仪的儿子郭暧为妻。这小两口都自恃有老子做后台，互相不服软，因此免不了常发生口角。

有一天，小两口因为一点小事拌起嘴来，升平公主摆出一副不可一世的架子，郭暧看见妻子根本不把他这个丈夫放在眼里，愤懑不平地说："你有什么了不起的，不就仗着你老子是皇上！实话告诉你吧，你爹的江山是我父亲打败了安禄山才保全的，我父亲因为瞧不起皇帝的宝座，所以才没当这个皇帝。"

在封建社会，皇帝唯我独尊，其他任何人哪怕只露出想当皇帝的想法，都会遭满门抄斩。升平公主听到郭暧敢出此狂言，感到一下子找到了出气的机会和把柄。她立刻奔回宫中，向唐代宗汇报了丈夫刚才这番图谋造反的话。她满以为，父皇会因此重惩郭暧，替她出口气。

唐代宗听完女儿的汇报，不动声色地说：

"你是个孩子，有许多事你还不懂。我告诉你吧，你丈夫说的都是实情。天下是你公公郭子仪保全下来的，如果你公公想当皇帝，早就当上了，天下也早就不是咱李家所有了。"并且对女儿劝慰一番，叫女儿不要抓住丈夫的一句话，乱扣"谋反"的大帽子，小两口要和和气气地过日子。在皇父的耐心劝解下，公主消了气，自动回到了郭家。

这件事很快被郭子仪听到了，可把他吓坏了。他觉得，小两口打架不要紧，儿子口出狂言，近似谋反，这着实叫他恼火万分。郭子仪即刻令人把郭暧捆绑起来，并迅速到宫中面见皇上，要求皇上严厉治罪。

可是，唐代宗却和颜悦色，一点也没有怪罪的意思，还劝慰说：

"小两口吵嘴，话说得过分点，咱们当上人的不要认真了，不是有句俗话说过吗，'不痴不聋，不为家翁'。儿女们在闺房里讲几句气话，怎好当起真来？咱们做老人的听了，就把自己当成聋人和傻子，装作没听见就行了。"

听到老亲家这番合情入理的话，郭子仪的心里就像一块石头落了地，顿时感到轻松，眼见得一场大祸化作芥蒂小事。

妙语新悟

小两口关起门来吵嘴，在气头上，可能什么激烈的言辞都会冒出来。如果句句较真，就将家无宁日。身为一国之君，杀人不过头点地，可他自己又能得到什么好处？唐代宗明白这些道理，不因女婿讲了一句近似谋反的话而无限上纲、大动杀机，而是化灾祸为欢乐，使小两口重归于好。他的这笔利弊得失的账算得很明白。

必要时装糊涂，确实有益于我们的管理工作，但也不可时时糊涂、事事糊涂。糊涂和精明一样，隐忍退让和竞争进取一样，有它的作用，也有它的局限。过分的精明，是没有认识到自身的局限；过分的糊涂，是没有意识到自身的价值。积极竞争进取，难免不伤及左右；一味隐忍退让，又无端受人欺侮。所以，糊涂也应该有糊涂的原则。

1.该糊涂的时候糊涂，不该糊涂的时候别糊涂。事关民众利益、个人气节的时候不应该糊涂；在损己害人、误事危身的时候，也不能糊涂。相反，如果只是关乎个人的利益、个人的荣辱，那么就无须锱铢必较、寸土必争、针锋相对。此时，宁可糊涂一点，忍让一点，放人一马，留一点余地。

2.不刻意装糊涂。装糊涂并不是一种卑鄙或伪善。管理者一定要明白，糊涂不是愚蠢，而是一种智慧的运用。这种智慧是经过长期的养成、反复的自省、丰厚的积淀、勤奋的学习和刻苦的磨炼，而后才能获得的。有了这种智慧，才能大智若愚、大巧若拙。装糊涂并不是真的糊涂，而是在心静如水、明察秋毫的基础上所作出的一种明智的选择，是智慧的表现。这种糊涂是做出来的，是精心去追求、刻意达成的。这里所谓做出来，并非给人以欺骗，而是让人能够放心接受，坦然不疑。如果装得不像，那么难免露出形迹，仿佛居心叵测，令人望而生疑，避之唯恐不及。

3.好学不辍，大事不糊涂。糊涂既是基于对自身局限的一种认识，又有其不得已的成分。一个人纵使天降大任，天纵奇才，也不可能免除局限性，因而也就难免于糊涂。知道自己不免于糊涂而不过分依赖自己的智能，固然是一种明智的表现，但是，不断加强学习以提高自己的认识水平，你就可以突破局限，少一些糊涂。特别是在不该糊涂的时候，就更能保持清醒的头脑。

为人处世，是精明一点好，还是糊涂一点好，各人有各人不同的答案。我们讲的糊涂并不是真的糊涂，而是大智若愚的技巧，避免一些弄巧成拙的尴尬。

作为管理者，有时糊涂一点、宽容一些，企业内部的亲和度就高。这样，企业就不单有了凝聚力、战斗力，也会有生命力，从而形成一个有机协调、不断成长的整体。

揣着明白装糊涂

揣着明白装糊涂可以说是机变的一大境界，是将孙子"变经"引申到现代管理中的妙笔。其实在现实生活中，有些事情是较不得真的，在这些事情上睁一只眼闭一只眼效果会更好些。管理工作中也会碰到这样的"糊涂事"，对此，不妨把心态放平和，"糊涂"地看待和处理它。

郑板桥的一句"难得糊涂"的至理名言，使古今中外多少掌权者渡过了难关，使他们进可攻退可守，处理事情游刃有余。仅仅几字便让他们拍手叫绝，堪称制胜法宝，既掌权，又用权，为此又怎能不"糊涂"？

一些管理者认为，如果事必躬亲，所有功劳将会归于自己。但是，他们没有想到，每一个决定都是有风险的，成功了是功劳，失败了是罪责，只想成功而不想失败，未免过于天真。

将自己推上第一线，固然可以成功时独领风骚，可是失败时也要成为众矢之的。撇开个人得失不讲，这样对企业毫无好处。如果将权力下放给部下，自己退到第二线，对自己未必没有利。

如果部下成功了，这功劳自然少不了自己一份。姑且不说领导有方，至少也是用人得当。如果部下失败了，自己还可以挽回局面，可以干预、调整甚至撤换人员，若能转败为胜，仍不失英明。

正所谓"欲乐，莫过于善"，管理者平时若能宽容一些、豁达一些、糊涂一些，必然能够得到身边人的肯定。其实，管人管事没有必要太过苛严，请记住那句话——"水若过清则鱼不留"。

案例陈列

宋太宗在位时，有次收到奏折，说在汴河从事水运工作的官吏中，有人私运官货到地方贩卖，从中牟利，影响到那些商人的正常生意，百姓颇有微词。看过奏折后，太宗跟大臣们说："要将这些吸血鬼完全根除，并不是容易的事，这就像里面有一窝老鼠，你在外面拿东西堵塞鼠洞，都无济于事。对此，不可以过于认真，只需将有些做得过分、影响极坏的首恶分子惩办了即可。如有些官船偶有挟私行为，只要他没有妨碍正常公务，就不必过分追究了。总之，这样做也是为了确保官运物资的畅行无阻呀！"

站在一旁的宰相吕蒙正也表示赞同，他说："水若过清则鱼不留，人若过严则人心背。一般而言，君子都看不惯小人的所作所为，但如过分追究，恐有乱生。不若宽容之，使之知禁，这样才能使管理工作顺利开展。从前，汉朝的曹参对司法与市场的管理非常慎重，他认为在处理善恶的执法量刑上应该有弹性，要宽严适度。谨慎从事，必然能使恶人无所遁形。这正如圣上所言，就是在小事上不要太苛刻。"

"君子宽以待人，严于责己"，我们与人交往时，对于对方的要求不可过分，不强求于人，而应能让人时且让人，能容人处且容人。

妙语新悟

"君子宽以待人，严于责己"，我们在管理下属时，切莫强求于人，而应能容人时且容人，揣着明白装糊涂。

不过，当一个"糊涂"管理者有3点要注意：

1. 所谓"糊涂"是"假装糊涂"，其实心中对一切情况明察秋毫。"假装糊涂"并不是说不讲原则，随波逐流，而是说对于那些无关大局、枝枝蔓蔓的小事，不过于计较；而对那些事关重大、原则性的是非问题，则应该明察秋毫、认真一些。

2. "装糊涂"的目的不是为了推卸责任，而是为了应变，掌握调整决策的主动权。若要推卸责任，撒手不管岂不更好？另外，领导也绝不能在一切事情上都"糊涂"，应该由自己负责的事情或事关企业发展存亡的重大事情就绝不能装糊涂。

3. 可以将事情放手交给下属处理，不加干涉。在用人方面绝不能糊涂，选人要慎重，所谓"大智"全在于此。一个管理者若事事均要由自己出面收拾残局，那么说明他用人失误，也和真糊涂无异了。他要和下属建立一种默契，让下属明白，他们承担责任对企业有利。他自己心里也要明白，有时下属承担责任是为自己作出牺牲，如果他们错了，批评归批评，但绝不要因此影响大局。

　　作为管理者一定要会糊涂，更要懂得怎样去运用糊涂艺术，才能成为一位不糊涂的"糊涂领导"。

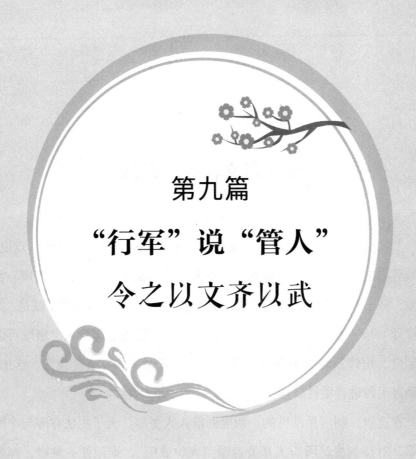

第九篇

"行军"说"管人"
令之以文齐以武

"行军"篇有云:"卒未亲附而罚之则不服,不服则难用也;卒已亲附而罚不行,则不可用也。故令之以文,齐之以武,是谓必取。"其核心在于:要用怀柔宽仁的手段去教育士兵,用军纪军法去管束规范士兵,这样就必定会取得部下的敬畏和拥戴。

这同样是现代管理中的一大诀窍。作为一名领导者,若想充分发挥下属的主动性和创造性,令下属唯命是从,就必须要做到宽严相济、赏罚分明。只有"令之以文,齐之以武",你的下属才能与你同心同德。

令之以文，齐之以武

"令之以文，齐之以武"，这是孙子《行军篇》的精髓，通俗一点说，即领导者应文武兼施，恩威并用，不失人情，又不失威严，让下属心悦诚服。孙子在这里所倡导的"文""武"之道，活用于现代企业，就是"狼性管理"与"水性管理"的有效结合。通俗一点说，即管人之事既可以借制度、纪律、处罚等强制手段进行硬性管理，亦可通过教育、感化、激励等手段进行柔性管理。

在这里，制度是刚性的。制度面前人人平等，天子犯法亦应与庶民同罪。对待制度，所有人都要遵循"火炉效应"，谁随便去触碰，都要被"烫手"。

相应地，管理者的领导手法应该是柔性的，尤其是在员工被"火炉效应"惩罚以后，应及时做好抚慰工作，即打一巴掌揉三揉。巴掌要狠，揉得更要舒服，将"无情的制度"与"有情的管理"相结合，在一刚一柔之间管理好你的团队。

案例陈列

　　明太祖当年治理南方地区，虽有武功以定天下，仍以文德以化远人，四海一定，做了许多文治的工作，但晚年失之于急躁，如在鄂西急于废土司，留下了不少问题。成祖朱棣即位后，在首重北边的前提下，也解决了一些南方的治理问题。

　　沐氏镇云南，开始于洪武时沐英、沐春父子。沐春死后，其弟沐晟继续镇守云南。沐晟与封在昆明的岷王不和，成祖了解此矛盾后，徙封了岷王。沐晟请加兵讨车里（云南南部以景洪为中心的大片地方），成祖多次下敕文责沐晟政事烦扰，号令纷更，要求沐晟怀柔车里，不可轻易兴兵，注意云南民族地区的安定。

　　洪武时期，由于贵州的水西女土官奢香向往中原文化和太祖对贵州的招抚政策得当，奢香"开赤水之道，通龙场之驿"，贵州与外界的联系加强。成祖即位后，命熟悉贵州情况的大将镇远侯顾成守贵州。因顾成是一介武夫，成祖一再告诫他不可穷兵黩武，喜功好事，而应该老成持重，顺情而治。后因贵州思州、思南二田姓土司互相仇杀，禁之不止，成祖乃密令顾成携精干将校潜入，将二田姓土司擒拿。贵州改土归流的条件成熟，于是在永乐十一年（1413年）设置了贵州布政司，从此贵州作为一个省区成为明朝的组成部分。

　　镇守广西的韩观是行伍出身，因军功出任广西都指挥使多年。靖难期间，建文帝调韩观练兵德州，用以对付燕师。成祖即位后，丝毫不计较韩观的这段经历，仍任用韩观镇守广西，佩征南将军印节制广东、广西两个都司。韩观性凶狠、嗜杀，成祖赐玺书告诫韩观，强调以德抚广西，"杀之愈多愈不治"，"宜务德为本，毋专杀戮"。韩观却自恃老于桂事，陈兵耀威，号称"威震南中"。由于韩观抚用兵乏术，务德无方，杀戮太过，颇违成祖德化之意。但也应看到，在韩观镇守广西期间，广西境内较为安定，这客观上有利于广西经济的发展。

至于被太祖晚年因急躁处理而遗留的若干南方交通不便地区的民族问题，成祖均给以补救，在那些地方恢复土司设置，使之与朝廷关系正常化。如设置贵州西部的普安安抚司，恢复因吴面儿反抗而废去的古州、五开为中心湘黔交界处的湖耳等14个蛮夷长官司和鄂西、思州、九溪等土司。

妙语新悟

刚柔相济者往往可获大胜。明成祖朱棣虽然以武力起家，但他更重视用道德教化来稳固统治，他主张恩威并施，使人心服口服，从而获得大胜局面。

由此可见，从古至今，高明的管理者都懂得运用规范的理性管理和人性化的非理性管理来驾驭下属。这两者完美地结合，便可创造出道德的管理、智慧的管理。

下面是本书为大家提供的一些管理建议，我们一起去看一看：

1. 以文化凝聚下属

为下属建立共同愿景，能够直接影响他们的思维风格和行为方式。共同愿景可以转化为强大的凝聚力，令你可以轻而易举地统揽下属的思想和意志。

2.采用精神激励法

激励下属的最佳效果是满足他们精神上的高层次需求，尤其是自我实现需要和成就感。所以，在激励时，我们不能只看重物质奖励，更要从精神层面入手。譬如，委以重任、薪酬倾斜、给予培训机会等，均能收到不错的效果。

3.执法必严

"罚者，所以正乱，令民畏上也"。事实上，那些固执型的乱纪者仅凭说服劝诫是很难令其改过自新的。是故，对于那些敢于触犯制度底线的下属，管理者必须下重手，给予其严厉的惩处，必要时果断地予以清退，以保证整个团队的稳定性、纪律性。

总而言之，管理者应深谙"文武之道"，文要文得有尺度，武要武得有策略。将文与武、刚与柔、宽与严这些看似对立的手段完美结合，让它们相辅相成，帮助你来实现管理目标。

宽严得宜，恩威并用

孙子告诉世人，统御下属是一门复杂的学问，对下属太严，就会引起他们的反抗，对下属太宽，又不利于管理。所以对于下属，应该是用慈母的手握住钟馗的剑，恩威并施，宽严相济。对待下属宽严适度、恩威并用，是每一个经营者都应做到的。既是"管"人，就要严，必须有命令与批评，令要行禁必止。始终客客气气，不好意思直斥其非，只为维护自己平和谦虚的形象，在管理工作中是根本行不通的。管理者必须拿出做上司的威严来，让下属知道你的判断是正确的，是必须不折不扣地执行的。恩是温和、奖励；威是严格、责备。身为一个管理者，恩与威必须配合运用。

当然，对待下属同时还必须温和，必须有"恩"有"宽"。平时对下属讲话亲切，根据其贡献给予优厚待遇，经常关心员工的生活，聆听他们的忧虑，和他们说话时加上一个微笑，员工的工作效率一定会大大提高。他们会感到"上司很关心我，我得好好干"。

不过，这也并不是要领导者做一个老好人。其实在管理中，有时我们必须威严起来，否则还真的难以服众。

所以说，经营者在管理上宽严得体是非常重要的。尤其是在原则和制度面前，更应该分毫不让，严厉无比；对于那些违犯了条规的，就应该举起钟馗剑，狠狠砍下，绝不姑息。当然，平常还应以温和、商讨的方式引导部属自动自发地做事。当部属犯错误的时候，则要立刻给予严厉的纠正，并进一步地积极引导他走向正确的路子，绝不可敷衍了事。所以，一个上司如果对部属纵容过度，工作场所的秩序就无法维持，也培养不出好人才。换言之，要形成让职工敬畏主任、主任敬畏部长、部长敬畏社会大众的舆论。如此人人能严以律己，才能建立完整的工作制度，工作也才能顺利开展。如果太照顾人情世故，反而会造成社会的缺陷。

"无论用人或训练人才，都要一手如钟馗执剑，另一手却温和如慈母，做到宽严得体，才能得到部属的尊敬"。

案例陈列

查里·爱伦是美国威基麦迪公司的老板，他 1995 年当选为美国最佳老板。他是凭什么获得这个头衔的呢？主要有两点：一是他每年将年度销售会议的开会地点定在加勒比海或夏威夷；二是他非常关心员工的疾苦，能认真听取公司员工诉说自己的困难和苦恼。一旦员工报告家中有重要或紧急的事情，他都会准以一定的假期，让其处理家事。正因他能与员工同呼吸、共命运，所以深受员工的爱戴。员工工作起来总是热情高涨。顾客来到公司后，看到公司员工一个个面带微笑，对公司油然产生了信任感，所以公司效益一直很好。

妙语新悟

宽严适度、恩威并施是管理者的一种风度，是一种和风细雨的雅量。管理者对于自己下属不可不宽容、亲和、多加体谅，否则难以凝聚人心，难以开展工作。同时领导者的"威"不能丢，领导者有魄力、威严，团队才有精神支柱。对待下属，管理者也应适当严厉，树立自己的威信，无威则政令不通，团队犹如一盘散沙。宽和严、恩和威需要相辅相成，用之有度。宽，不能放任自流、法外施恩；严，不能太过苛刻，俯视群众。管理者唯有将二者很好地结合起来，才能领悟到管理的真谛。

宽与严的要求:

1. 规章制度严不可侵

2. 制度的执行力必须严。

3. 工作作风要严肃。

4. 相处之时多慈祥。

5. 人文环境要宽松。

6. 对待摩擦要宽容。

归根究底,管理的目的就在于稳定团队秩序、提升团队战斗力。是故,在管理中,无论是"慈母的心"还是"钟馗的剑",都应该饱含深情。管理者应常做换位思考,做到严而不酷、宽而不乱,不枉不纵。

掂量赏罚这杆秤

孙子在治军方面甚为重视赏罚。他认为,赏与罚的根本目的在于调动将士的积极性,鼓舞士气,由此提高部队战斗力并壮大自己的军事实力。而若想将赏罚的激励作用发挥到极致,关键就在于"严明",所以他强调对于下属的赏罚必须做到公开、公正、适度、合理。若是滥用赏罚,反而会适得其反。在管理实践中,有些管理者并不懂得赏罚之道。在赏罚过程中,失去分寸和节制,结果走向极端,过犹不及,反而导致激励无效。

我们都知道惩罚不适度就会影响激励员工的效果,奖励不适度同样也会影响员工工作的激情,并且还会增加激励成本。奖励过重会使员工产生骄傲和自满的情绪,失去进一步提高的欲望;奖励过轻会起不到激励效果,或者让员工产生不被重视的感觉。比如,有的时候员工的期望值是月收入 2000 元,你给了 3000 元,等到员工的期望值没有升高的时候,你又涨到了 4000 元。万一出现特殊情况,你再把收入降到 3000 元的时候,矛盾就会出现,那样你的激励就失去了意义。

奖励和惩罚始终与激励联系在一起。奖功罚罪,自古以来,概莫能外。但如何掌握适度原则,就涉及管理者的艺术问题了。

如何赏罚适度,也许我们可以从古代的贤君名将身上得到启发。

案例陈列

曹操历来坚持有功就赏,有罪就罚,无功不赏,无罪不罚,大罪大罚,小罪小罚,大功大赏,小功小赏,一视同仁,不分贵贱。部下只要有功,必给相应奖赏,而且针对不同的人、不同情况给予不同的奖励。

当年曹操征张绣,一时兵败逃命之时,夏侯惇所率曹操嫡系部队青州兵"乘势下乡,劫掠民家"。另一部将于禁在这慌乱时刻果断命令本部军队沿途剿杀青州兵,禁止他们作乱以安抚乡民。青州兵倒打一耙,跑到曹操面前哭诉委屈,诬告于禁造反。曹操听后大怒,带领部队准备镇压。于禁见曹操气势汹汹而来,仍旧不慌不忙,他没有分辨,而是稳住阵脚，安营立寨。因为他清楚地知道"分辩事小，退敌事大"，因为张绣的兵马正在后面紧追。果然，刚刚安扎完毕，张绣两路大军杀到，于禁一马当先率军出寨迎敌，杀退张绣人马，并且追杀一百多里，反败为胜。事后，于禁才向曹操禀明情况。曹操颇为赞赏，对于禁又是奖赏，又是封侯。

妙语新悟

曹操奔命之时，乍闻猛将反叛，自然心有惊虑，但他并未轻信流言，直击于禁，事后又能问明情况，赏罚分明，值得人们引以为鉴。

曹操可谓对激励的适度原则运用自如，实为历史上罕见。所以，曹操网罗了许多人才，他们甘愿为其卖命、为其效忠，终于成就了他三国分其一的伟业。

一般来说，赏罚有度的激励原则主要应注意以下5点：

1. 赏罚要出于公平。赏罚必须公平，该赏则赏，该罚则罚，不能照顾亲疏。"所憎者，有功必赏，所爱者，有罪必罚"，才能使大家心服口服。如果"对其所喜者，钻皮出羽以掩其过，对其所恶者，洗垢求瘢以彰其疵"，那么，赏罚就失去了"强化"作用，有时会收到相反的效果，闹得众叛亲离。

2. 赏罚要注意讲清道理。戚继光从自己的治军实践中认识到赏罚要合乎情理。他认为，"理兴于心，情迫于理"，"赏罚"人人知其所以赏罚之故，则感心发而顽心消，畏心生而怨心止。赏与罚，先把道理讲清楚，将善恶、功过分清楚，大家知道了受赏受罚的原因，赏则会使大家见其功而心悦诚服，罚则会使大家及本人真正受到教育而消失怨恨。

3.赏罚要注意有度。从管理学角度讲，动力原理的运用要重视"刺激量"，"刺激量"不足，"刺激量"过大，都不能有效地运用动力原理。赏罚只有适度、恰到好处，才能达到激励与惩戒的目的。赏不能过高和过滥，奖赏过高，群众就会不满意；奖赏过滥，无功受禄，无劳受赏、在奖励上搞平均主义，会赏而无恩，起不到教育作用。赏无论是过高或过滥，都不能调动人的积极性。处罚不当，处罚过轻，不能教育本人和他人；处罚过重，不给犯错误者以改过的机会，会将人"一棍子"打死，不符合"惩前毖后、治病救人"的原则。不管是轻过重处还是重过轻处都是不合适的。

4.赏罚要严守信用。古代兵书《尉缭子》中说"赏如日月，信如四时""赏者贵信，罚者贵必"。管理者实施赏罚，必须严格执行规章制度，言出法随，说到做到，不能随心所欲，说了不算。如果高兴即赏，不高兴即罚，会搞得部下无所适从，人心混乱。长此以往，管理者所说的话就失去了信度和效度。

5.赏罚要注意时效性。赏罚只有在恰当的时间实施，才会收到教育的效果。古人强调"赏不逾时""罚不迁列"。奖赏及时，是为了让群众尽快见到为善的好处。当场处罚，是为了让群众迅速看到不为善的害处。一般情况下，赏罚要注意及时性。时过境迁，赏罚的作用就不明显了。

通过上述5点，不难看出及时和适度是互相联系、相辅相成的。适度原则的核心是赏罚和功过相一致。奖大于功或小于功、罚大于过或小于过都是不可取的。只有适度下的及时和及时下的适度，才能最大限度地发挥激励的作用。凡事都有一个度，掌握不好度，就有可能出现过犹不及或火候不到的结果，这二者都是我们在管理中所不愿发生的。

第十篇

"地形"说"管人"
爱卒如子获人心

孙子在《地形》篇中说："视卒如婴儿，故可与之赴深溪；视卒如爱子，故可与之俱死。"其意不言而喻，就是劝告管理者，要把自己的部下当做爱子那般，这样，下属会心甘情愿地与你共赴患难，乃至与你同生共死。

给员工家的感觉

孙子认为，当统帅与士卒之间建立起亲人一般的关系，彼此便可同生共死，那么战争的胜利面就大大增加了。对于现代管理者而言，只会下命令是远远不够的，关心下属也是你的一门必修课。你肯定知道人们必须具备衣食住行等生活条件才能从事政治经济等活动。下属的生活状况如何，直接影响到他的思想活动、精神状态及工作效率。

一个高明的企业领导不仅善于使用下属，更善于通过为下属排忧解难来唤起他的内在工作热情——主动性、创造性，使其全身心投入工作。

所谓"视士卒如爱子"，关心下属，就是要像对待家人一样对待员工，给予员工家一般的感觉。

案例陈列

PR 制衣公司共计有员工 1000 人左右，令人惊讶的是，这种规模的企业其员工年流动性竟然不足 10%。显然，这与公司领导的人性化管理是不可分割的。

众所周知，大多数制衣企业都不太"欢迎"男职员，而 PR 制衣则利用其子公司 PR 印染的优势，将男职员安排在印染厂，女职员留在制衣厂，如此一来，很多夫妻不用分开便可留在一家企业工作了。另外，企业又为夫妻均为在职员工的人员安排了 50 平方米的免费宿舍，同时又帮助他们解决子女的就学问题。这种人性化的策略，吸引了大批"打工家庭"。

每年春节返乡，PR 制衣为解决员工"一票难求"的问题，对员工相对集中的河南、江苏等地，会使用包车接送员工回家和返厂。而对于那些留厂过年的职工，企业领导每年都会亲自上宿舍慰问，为他们送上温馨的年货。

同时，PR 制衣还设立了困难职工抚恤、救助基金。如果在职员工遇到困难，按规定可以获得一定数额的补助。PR 制衣已创立十年有余，目前，企业有 65% 的员工是与厂同龄的老职工。

该企业领导坦言，有不少职工曾被挖过墙脚，跳槽到其他制衣企业，但时隔不久便纷纷返回厂里。因为，那边的企业虽然工资给得高，但劳动额度相对沉重很多，而且也无法提供这么好的生活条件。

妙语新悟

由此可见，员工心里所看重的并不仅仅是钱，在他们看来，和谐的劳动包括方方面面。合理的薪酬自不必说，丰富的业余生活，优渥的住宿条件，积极的工作氛围，和睦的同事关系，公正的赏罚、激励制度等，都是自己是否留驻企业的重要评估依据。因而，在人力资源越发紧张的情况下，管理者唯有以更平等、更仁爱的心态去面对职工，以情留人，方为上策。

1. 提供舒适的工作环境

随着社会、经济结构的演变，员工对企业的要求越来越高。他们不再像以前那样只看重物质酬劳，还看重工作环境的舒适度等软性因素，他们对工作的整体满意度要求在提高。

但凡优秀的企业通常能为员工提供优越、舒适的工作环境。因为他们懂得，优越的环境不仅使员工工作时身体感到舒适，还有助于激发他们的创造性和工作热情。更重要的是，当员工们在这种适合自己发展的环境中体会到企业所寄予的厚望时，就会更加努力进取，而这也可以用来解释优秀的企业之所以成为一流企业的原因所在。

2. 让员工说出心里话

企业的文化、管理制度等与员工的认知产生冲突时，虽然在管理者的要求下，员工能一定程度上接受，但并不代表他们就能完全坦然接受了。这时就要鼓励他们说出自己的想法——不管是否合理。让员工把话说出来是最好的解决矛盾的办法。如果员工心中有很多不满和怨气，管理者都不知道，长期下来就成为积怨，问题积压得严重了就不好解决。所以，应该为他们开条"绿色通道"，使他们的想法第一时间反映上来。

比如，海尔集团有项措施是给新来的每位员工都发一张"合理化建议卡"。员工有什么想法，无论制度、管理、工作、生活等任何方面都可以提出来。对合理化的建议，海尔会立即采纳并实行，对提出者还有一定的物质和精神奖励。而对不适用的建议也给予积极回应，因为这会让员工知道自己的想法已经被考虑过，他们会有被尊重的感觉，更敢于说出自己的心里话。

在新员工所提的建议与问题中，有的居然把"蚊帐的网眼太大"的问题都反映出来了，这也从一个侧面表现出海尔的工作相当到位。

3. 培养员工的归属感

员工敢于说真话是一大好事，但那也仅是发现问题的源头。接下来解决问题才是重要部分。如何帮助员工转变思想，让他们从观念上把问题当成自己的"家务事"，这就需要管理者培养员工的归属感，让新员工不把自己当"外人"。

外界传闻海尔的管理极其严格，不近人情。实际上海尔的企业文化非常注重给员工创造归属感，管理也并非不人性化。他有句口号是"海尔人就是要创造感动"。

"人心齐，泰山移"，全体员工的同心协力、一致努力是企业能获得最终成功的有力保证。而要做到这一点，企业领导就要多关心员工的生活，对他们遇到的事业挫折、感情波折、病痛烦恼等"疑难病症"给予及时的"治疗"和疏导，建立起正常、良好、健康的人际关系、人我关系，从而赢得员工对企业的忠诚，增强员工对公司的归属感，使整个企业结成一个凝聚力很强的团体。

据研究发现，在缺乏激励的环境中，人才的潜力只能发挥出20% ~ 30%，即刚刚能保住饭碗；而在良好的激励环境中，同样的人却可以发挥潜力的80% ~ 90%。良好的激励能够最大限度地调动人的积极性和主动性，因此，领导必须从细节上关心员工，用你的心换取员工的忠诚。

做个"有心人"

这是对孙子"以人为本"思想的一个引申。其实，每一个"爱卒如子"的人都必然是个有心人。这样的领导善于以情攻心，他们非常注意细节，从点滴做起，通过一些小事温暖员工的心，让下属在不经意间感受到管理者真诚的关怀和无限的温暖。小事足可以折射出一个管理者品质的整体风貌和管理艺术，大家会通过一些鸡毛蒜皮的小事去衡量你、评判你。

在处理一些小事上，你做得效果不佳，或不完美，也会被下属们轻视、讥笑。他们会认为像你这样连一点儿小事都不想做，或者连一点儿小事都做不成的管理者，又如何做得了大事情呢？你的信誉会受到威胁。

要从小事关心员工，管理者首先得做一个有心之人，留心观察，细心思考，善于发掘小事里边的不平凡之处。有一些小事，你作为企业管理者必须努力去做到。

如果管理者能在许多看似平凡的时刻，勤于在细小的事情上与下属沟通感情，经常用"毛毛细雨"去灌溉员工的心灵，下属会像禾苗一样生机勃勃、水水灵灵、苗壮成长，最终必然结出丰硕的果实。

案例陈列

日本著名企业家松下幸之助就是一个对待员工非常"有心"的人。他曾说："当我看见员工们同心协力地朝着目标奋进，不禁感动万分。"松下提出并倡导社长"替员工端上一杯茶"的做法。他认为，社长应对员工保持温和谦虚的心态，看见员工负责尽职地工作，自然会满怀感激地说："真是太辛苦你了，请坐下来喝杯茶吧。"松下这么说，并非要求社长一定亲自为员工倒茶，他强调的是上级诚恳地把心意对下属表达出来，这可以激励下属，使他们去掉倦怠，精神振奋地投入工作，从而提高工作效率。松下还说过："公司人数众多，社长无法亲自向每个人表示谢意，但只要心存感激，就算不说，行动也自然会流露出来，传达到员工心里。"这里所体现的正是尊重员工的精神。

妙语新悟

小事往往是成就大事的基石，这两者之间是相互联系，相互影响，相辅相成的。管理者要善于处理好这两方面的关系，使两者相得益彰。

调动员工的积极性，激发他们的热情和干劲，企业管理者光会说一些漂亮话是不够的。配合实际行动，不失时机地显示你的关心和体贴，无疑是对下属的最高赞赏。这种方法可以在下列场合中收到最好的效果。

1.记住下属的生日，在他生日时表示祝贺。每个人都重视自己的生日，一般人都是与家人或知心朋友一起庆祝生日。有心的管理者会提前了解到这些信息，向员工送去祝贺或使自己成为庆祝的一员。上司能记住自己生日甚至亲自为自己庆贺，这会给下属留下极其难忘的印象。或许下属当时体味不出来，而一旦换了领导有了差异，他自然而然地会想到你。

给下属庆祝生日也花不了多少钱，可以发点奖金、买个蛋糕、请吃顿饭，甚至送一束花，效果都很好。乘机献上几句赞扬和助兴的话，更能起到锦上添花的效果。

2.下属住院时，管理者最好亲自探望。有位管理者非常聪明。他的一位非常普通的下属生病住院了，他亲自去病房探望，跟他说："平常你在的时候没有发觉你的重要性，现在你不在岗位上，我们的工作没了头绪、慌了手脚。你看我们不能没有你啊，所以你安心把病养好，赶快回到我们中间来。"这个下属听了自然感动不已，出院后工作十分卖力，为这位管理者创造了极好的业绩。

有的管理者就不重视探望下属，其实下属此时是"身在曹营心在汉"，虽然住在医院里，却惦记着领导是否会来看看自己。如果领导不来，对他来讲简直是不亚于一次打击，不免会嘀咕："平时我干了好事他只会没心没肺地假装表扬一番，现在我死了他也不会放在心上，真是卸磨杀驴。没良心的家伙！"

3. 关心下属的家庭和生活。家庭幸福和睦、生活宽松富裕无疑是每个人干好工作的保障。如果员工家里出了事，或者生活负担非常重，管理者却完全不了解或视而不见，那么对下属再好的称赞也可能显得假惺惺的。

有一个发展势头良好的文化公司，其管理者和职员大部分都是单身汉或家在外地的独居者。就是他们凭满腔热情和辛勤努力，公司才能发展得红红火火。该公司老板对大家的辛苦和付出很高兴也很满意。但他没有限于滔滔不绝、唾沫星飞的口头表扬，而是注意到职工们没有条件在家做饭，吃饭很不方便的困难，就自办了一个小食堂，解决了职工的后顾之忧。当职工们吃着公司小食堂美味的饭菜时，能不意识到这是管理者为他们着想吗，能不感激管理者的爱护和关心吗？

4. 抓住欢迎和送别的机会表达对下属的关心。调换下属是常常碰到的事情，粗心的管理者总认为不就是来个新手或走个老部下吗，来去自由，愿来就来，愿走就走。这种思想很不可取。

善于体贴和关心下属的管理者与口头上的"巨人"做法也截然不同。

当下属来报到上班的第一天，口头上的"巨人"也会过来招呼一下："小陈，你是北大的高才生，来我们这里亏待不了你，好好把办公用具收拾一下准备上马！"而聪明的管理者则会悄悄地把新下属的办公桌椅和其他用具收拾好，而后才说："小陈，大家都很欢迎你来和我们同甘共苦，办公用品都给你准备齐全了，你看看还需要什么尽管提出来。"

同样的欢迎，一个空洞无物，华而不实；另一个却没有任何恭维之词，但管理者的欣赏早已落实在无声的行动上，孰高孰低一目了然。

下属调走也是一样，彼此相处已久，疙疙瘩瘩的事肯定不少，此时用语言表达管理者的挽留之情很不到位，也不恰当。而没走的下属又都在眼睁睁地看着要走的下属，心里不免想着或许自己也有这么一天，管理者是怎样评价他呢？此时管理者如果高明，不妨做一两件让对方满意的事情以表达惜别之情。

以自己的实际行动，不失时机地在一些小事上显示你的关心和体贴，无疑是对下属的最高赞赏，也是调动其积极性、激发职员热情和干劲的绝佳手段。

随时关心员工的愿望，洞悉员工的不满，以员工利益代表人的身份将他们的愿望和不满正确反映给管理者，为实现员工的合理利益而努力。

得到关心和爱护，是人的精神需要。它可沟通人们的心灵，增进人们的感情，激励人们奋发向上，挖掘人们的潜力。作为一个企业管理者，对全体员工应关怀备至，创造一个和睦、友爱、温馨的环境。员工生活在团结友爱的集体里，相互关心、理解、尊重，会产生兴奋、愉快的感情，有利于开展工作。相反，如果员工生活在冷漠的环境里，就会产生孤独感和压抑感，情绪会低沉，积极性会受挫。

儒家学派的创始人孔子提出的"仁"，主张的"施仁政"，强调国家的统治者要像爱护亲属一样地对待臣民，道理即在其中。著名军事家孙武则要求将帅一定要爱护士兵。他在《地形篇》中分析道："视卒如婴儿，故可以与之赴深溪；视卒如爱子，故可与之俱死。"如果将帅们能像对待自己的爱子一样对待士卒，就能取得士卒的信任，使之甘愿追随自己赴汤蹈火，这样的军队就无往而不胜。管理者若有如此做法，也将得到员工的信任，使之提高工作效率，以期达到工作目标。

用"美丽的风光"吸引人才

孙子之所以多次强调"以人为本"，是因为他对"人"的重要性知之甚深，他提出"择人任势""爱卒如子"等观点，都是在强调给予"人"充分发挥的平台及一定的舒适度，由此将人团结起来，留住人才，发挥出人的最大作用。其实在企业管理当中，我们完全可以用"美丽的风光"来吸引和留住人才。当然，这里的"美丽的风光"是指一个良好的工作环境和企业文化氛围。它作为一种重要的无形财富，起到了吸引和留住人才的作用。

人们都喜欢在感觉良好的企业工作，《哈佛商业周刊》前任主编R·坎特预言："最善于创造良好工作环境的企业，将能吸引并留住技能最优秀的员工。"

因此，作为管理者一定要去营造这种氛围。要让员工感受到这种"舒适度"，当然我在这里讲的不是无限制地满足员工的需求，而是尽可能地营造"舒适度"。举个例子，比如让员工得到认同感，尊重每一位基层员工，给员工一个能够"自我实现"的空间。

案例陈列

在激烈的人才争夺战中，美国西南航空公司凭借独树一帜的"最佳雇主品牌形象"，吸引和留住了符合企业核心价值观的大批优秀员工。

"最佳雇主品牌形象"是员工对企业文化、管理制度表示认可的一种形式，体现了公司对员工价值承诺，它是一个与客户服务品牌同等重要的内部品牌。在2000年，美国西南航空公司为每位员工制作了一项自由"个人飞行计划"，其中包括保健、财务保障、学习与发展、变革、旅行、联络、工作与休闲、娱乐等八项内容。通过这一计划，企业向广大员工传达了企业的文化口号："西南航空，自由从我开始。"

美国西南航空公司非常重视每位员工的发展，认为每一位员工都是实现自由承诺的要素。他们通过赢得"最佳雇主品牌形象"的声誉来激励员工，为员工提供充分的自由，不仅使员工与公司之间产生了强大的亲和力，而且有效地激发了员工创造优质客户服务品牌的热情。该公司员工福利与薪酬总监说："我们希望通过自由承诺进一步加强优秀人才的敬业精神，'最佳雇主'这一称号使我们在吸引和留用优秀人才方面获得了更大的竞争优势。"

妙语新悟

　　该管理者的这段话，真切地反映了人们在基本物质生活得到满足的情况下，将不再把金钱作为主要的工作动机。对大多数人来说，"个人价值的实现""受人尊重"远比金钱更重要。

　　当然，一个健康的、优秀的企业应该主动去营造这种氛围。

　　1.让员工从工作中感受愉悦、舒适

　　多从员工的角度为他们考虑，努力给员工提供良好的学习工作环境，给予他们更多锻炼和再深造的机会，让员工们对自己的工作产生浓厚的兴趣，自觉自愿地发挥其主观能动性，在积极的工作中提高素质。

　　2.让员工体会到精神上的舒适

　　让员工在公司真正找到归属感，真心地把公司当成自己的家，把领导、同事当成是自己的亲人和朋友，彼此没有猜忌，也没有困难面前的无助，有的只是团结、合作、互助、融洽的气氛。这样才能减少员工工作以外的心理压力，提高其精神上的舒适度。

　　总而言之，管理者要以情感人、以理动人、以心用人、以诚留人，充分调动所有员工的积极性和主观能动性，凝聚人的价值取向使之形成合力，在合力最大化中取得企业最大效益。

　　管理者要把公司营造成一个温馨的家园，这种温馨既是物质上的，更是精神上的。同时为激发员工的创造力，公司提供丰富的资源，舒适的工作环境让员工健康成长。还要为员工提供良好的加薪升职的机会，给予员工一定的物质奖励以及旅游休假机会。

第十一篇

"九地"说"管人"

打蛇务必打七寸

解决问题不能到处下手，而是要擒住要害问题，把它解剖得清清楚楚、干干净净。有些人总想解决所有的问题，结果一个问题就把他难得束手无策。假如你能点住要害问题，就可以事半功倍，收效甚大，此为《孙子兵法·九地》篇之精髓。此理在管人方面同样极为适用。

分清主次，抓住重点

孙子说："战争中处处设防，就会处处兵力薄弱，结果无一处能防得住，最终陷入被动局面，导致失败。"在现代管理中，我们必须分清主次，抓住重点，集中力量解决主要问题，这样才能起到良好的效果。倘若不分主次，抓不住关键点，往往就会弄得自己手忙脚乱，陷入被动。

管理者要坐稳位置，达到令出有所从，就必不可少地要采用各种手段。然而，管理必须抓住关键点，不能眉毛胡子一把抓。一如古代聪明的官吏在治理地方政府、惩处恶人时，多是该等的时候就不动声色，等找到症结的时候再出手。

案例陈列

西门豹刚任邺都（河南省）太守时，见当地经济凋敝，人丁稀少。他奇怪何以出现这种情况，便召父老乡亲，询问他们是什么原因让他们遭受如此疾苦。父老乡亲们异口同声说，他们最怕的就是河伯娶媳妇。

"这可是怪事！河伯不过是河神，怎能娶媳妇呢？"西门豹惊讶地说，"其中定有见不得人之事。你们跟我说说。"

一位老者说："听说河伯是漳河河神，这位神特别喜欢美女，我们每年都要奉献一个年轻貌美的姑娘给他做夫人，才可保证风调雨顺、五谷丰登。不然，河神就会发怒，使河水泛滥，为害百姓。"

西门豹接着问："是谁跟你们这样说的？"

"还不是那班巫师神婆。这一带经常闹天灾，我们百姓收成不好，年年挨饿，他们说的我们不敢不从。每年那班神棍串通一班土豪及衙役，乘机赋科民间几百万，除少许作为河伯娶媳妇费用外，其余便二一添作五，分入私囊去了。"

"老百姓任其苛敛，难道一句话也不说？"

"唉！"老者叹了口气，接着说，"神棍们打着为百姓服务的官腔，与官府勾结起来，合伙欺压我们百姓，谁敢说半个不字！每当初春耕种时节，那班主事神棍及乡绅便上百姓家到处去寻访女子，见有几分姿色的，便说此女可以做河伯夫人，将她强行拉走。有钱人家父母不愿意，就多出些钱，保住自己女儿一条命。没有钱的人家唯有眼睁睁看着姑娘被拉走。这样，神棍便领这女孩到河边的'行宫'住下来。沐浴更衣，然后择一吉日，把女孩打扮一番，放在一条草垫上，浮在河里，漂流了一会儿便自行沉下去做河伯夫人。这样一来，凡有女孩的人家都纷纷迁徙逃避，所以城里的人越来越少。"

西门豹听着百姓们的叙说，眉头越皱越紧，问："这里经常闹水灾吗？"

"还好。自从向河伯进贡夫人之后，没有发生过特别大的大水灾。但因本处地势高，水源不足，没有水灾，可又有旱灾之苦！"

"好吧！"最后西门豹说，"既然河伯这么有灵，下次娶新夫人的时候，请告知我一声，我来观观礼！"

到下次举办为河伯娶夫人仪式时，有人提前告诉西门豹，西门豹果然如约前来。

这是一个隆重的日子，西门豹特意穿起官袍礼服，还叫来全城官绅参加。远近百姓闻讯从四乡跑来看热闹，成千上万人聚集在河边，盛况空前。

一位自称是河伯媒人的乡绅，把主事的大巫拥过来了。西门豹一看，原来是一个老女巫，满脸傲态。她后面跟着二十多位女弟子，个个打扮得华装重彩，一副煞有介事的样子。

西门豹开口问："本官想看看河伯夫人到底为何方女子，带过来看看。"

老巫不说话，示意弟子去把河伯夫人带来。

西门豹很注意地审视该未来的河伯夫人，见她鲜衣素面，不见得怎样漂亮，而且愁容满面的，便对老巫及左右的官绅弟子说：

"河伯是位显赫的贵神，娶妇必定是位绝色的女子才相称。我看这位女子，丑陋得很，不配做河伯夫人。现请大巫先去报告河伯，说本官再给他找一位漂亮的夫人，然后改期奉献给他。"他一声令下，叫左右卫士把老巫丢下河里去。左右的人大惊失色，西门豹若无其事地静立等候。

一会儿，又说："老妇人做事太没劲了，去报信这么久还不见回来，还是派一位能干的弟子走走吧！"又令卫士把为首的一位女弟子抛下河去，不久又说："连弟子都不回话了，再叫一位去！"

连续抛了三个弟子下去，一个也没有回头。

"哦！是了。"西门豹还像演戏一样，说，"她们都是女流之辈，不会办事的，还是请一位能干绅士去吧！"

那"媒人"乡绅方欲恳求，西门豹却大喝一声："毋庸推搪，速去速回！"

卫士于是左牵右拉，不由分说，"咚"的一声，将绅士丢下河里去，溅起一阵水花。旁观者皆为吐舌，靠近的不敢出声，远站着的在交头接耳。

只见西门豹整衣正冠，向河里深深作揖叩头，恭敬等候。过了好一会儿，他又埋怨道："这位乡绅简直泄气之至，平日只晓得鱼肉乡民，连这点小事都办不来，真是岂有此理！也罢，既然他年老不济事，你们这班年轻的给我走一走！"他顺手向那班衙役里头一指。

他们吓得面如土色，汗流浃背，一齐跪下去，叩头哀求，泪流满面，都像打摆子发冷一样。"且再待一会儿吧！"西门豹自言自语说。

又过了一刻钟光景，西门豹感叹一声，对大家说："河水滔滔，去而不返，河伯安在？枉杀民间女子，你们要负起全部责任！"

"启禀大老爷！我们是被骗的，全是女巫指使！"众人异口同声说。

西门豹正色斥责起来："好人又怎会跟坏人做坏事？今日姑且饶你们一次，给你们重新做人的机会！""多谢大老爷！""可是，今朝主凶的神棍已死，以后再有说起河伯娶妇的事，即令其人做使，往河伯处报讯！"

因此，把这班助巫为虐之徒的财产没收，全部发还给老百姓，将那批女弟子配给年长的王老五做老婆。巫风邪说遂绝，逃避他乡的乡民亦纷纷回故里安居。

妙语新悟

这一段故事把西门豹诛恶的过程演绎得活灵活现，我们看到，作为一个刚到任的管理者，西门豹迅速找到问题的症结所在，对制造问题的"首恶"采取了严惩不贷的果断举措，效果立现。看来，管人就得这么管。

以下，则是本书为各位管理者提供的一点建议。

1.做该做之事。作为一名管理者，我们的任务主要是制定战略、规划共同愿景、设定企业目标并率领员工达成目标。是故，我们应该站在更高、更广的角度上看待管理，凝聚团队，带领团队不断前进。就此而言，我们绝不能过多地插手琐碎事务，做一些虽有益却无效的事情。

2.分清主次。管理者日常要处理的事务很多，但越是这样，我们越要分清主次轻重，要明确在有限的精力、有限的时间下，哪些工作刻不容缓，哪些可以暂时搁置，哪些属于可做可不做的范畴之内。

管理者每天看起来都有很多的事情要做，若分不清主次，面对相互冲突的意见以及海量的信息，岂不是要手忙脚乱，多做很多无用功？其实，我们真正该好好处理的事务并没有几件，关键就看你能不能抓住问题的症结。

道德管理乃重中之重

孙子为将帅列出五德，可见他对道德管理极为重视，因为只有君主、将帅有德才能服众，才能发挥表率作用，继而下属、臣民效之，若举国上下皆能做到"智、信、仁、勇、严"，那么这个国家想不称霸都难。就现代管理而言，谈论道德在很多人看来似乎是个很过时的话题，他们认为时尚的管理理念是重才不重德，对于管理者的要求更是只要达成目标，管理有效率就万事大吉，管理者自身道德要求这个务虚之举似乎成了多余。事实并非如此，管理道德不是可有可无的，而已成为管理者切实提高管理能力的重要内容。

殊不知,道德缺失甚至是道德沦丧,对于一个企业而言就好比药性迅猛的毒药,极易斩伤企业的"元气",导致团队的整体"沦丧"。

案例陈列

某企业业务遍及全国,出于方便管理的需要,该企业在各省设立了分公司,并赋予省级大区经理很大的权力。其中一家分公司设立之初,首任经理尚较为负责,做事稳妥、身先士卒,分公司的发展亦蒸蒸日上。两年以后,因业绩出众,原经理调任总部任职。总公司另行派来一位"封疆大吏"。

这位新上任的经理简直就是个"土皇帝",他大兴一言堂,大搞办公室政治,而对于分公司的运营则很少放在心上,只让两个心腹和经销商代管,自己则流连于"酒池肉林""花街柳巷"。正所谓"上梁不正下梁歪",他的心腹亦效仿主子,结果,分公司被搞得乌烟瘴气一团糟。

终究,纸里包不住火,这位经理及其心腹在横行霸道了两年以后,被一些有责任心的职员匿名举报。总公司查清事实,迅速地清理了门户。

于是,总公司又派出第三位经理。这位经理的处境可谓相当尴尬,留给他的只是一个难以收拾的烂摊子,接手,弄不好就要被放在火上烤,不接手,势必会引起高层的不满,弄不好就要卷铺盖走人。最终,出于权力和高额薪金的诱惑,第三任经理决定走马上任。

然而,这位经理也不是什么善人。他不仅小肚鸡肠,而且非常自私。他初一到任,便开始大批更换分公司中层管理者,为自己培养心腹。他对员工极为苛刻,稍有不顺他意的地方,便大加指责,甚至打击报复,弄得整个团队怨声载道、人人自危。他还时常巧立各种名目，为自己报销非工作支出。

更可恨的是，他为了巩固自己的"威严"，常找员工私下谈话，鼓励他们相互揭发，而自己则在一旁和稀泥。如此一来，员工之间产生了重重矛盾，同时情感非常冷漠，根本谈不上团队精神。

就这样，总公司更换了一个又一个分区经理，但最终也没有使其再走上正轨，无奈之下，只得暂时将其撤销，这种历史遗留问题由于波及面广，总公司也伤到"元气"。

妙语新悟

道德是一个人成事所必备的素质。企业若不重视道德管理，那么只会使下属员工变成乌合之众、一盘散沙。尤其是企业管理人员，自身更要养成良好的道德修养，如此才能对下属产生榜样效应，才能使下属信服，才能更好地约束员工。所以说，道德管理才是企业管理的重中之重，企业管理者很有必要在这方面多加注意。

1. 正直与道德是管理者不可或缺的。美国管理协会曾邀请一组学术人士和专家描述 20 世纪 90 年代商界最完美的领导形象。"正直"成为最重要的要素。"正直"源于价值观。正直的领导们致力于自己认为是正确的事情。当有瑕疵的产品送到客户处时，公司领导不要故意不承认。"正直"是紧紧依附于道德伦理准则上的，非常正直的人被认为是可以信赖的。

研究反复证实这样一种常识，就是人们需要他们能够信赖的领导。同样，他们也希望领导能信任他们。正直能够补充信赖，因为很正直的领导是值得信赖的。

　　培养自己的道德观能帮助你变得更可信。表现出良好的道德表示你是可信赖和诚实的。假如人们觉得在所有的日常活动中都应该讲道德，那么就有必要在很多人不讲道德的情况下也讲道德。即使别人还没有指出你不道德，也应花代价确保自己讲道德。如果他人认为你有道德问题，那就会有碍于获得自己想得到的领导职位或是有碍于成为一名有效率的管理者。提高你所创造的道德风度的第一步便是制定一个个人道德准则。

　　道德准则是根据价值观决定什么是正确的或错误的（或好的或坏的）。在写自己的道德准则时可以从公司制度手册上找到一些行为规范。公司的道德规范一般包括如下项目：遵守安全、健康和保安规定；对人礼貌、尊重、诚实和公正；上班不迟到不缺勤；不骂人；不行贿；要保守秘密；遵守财会制度和限制；不挪用公物；不传播虚假或错误的消息；不要对下级、同事、上级、供货者或顾客进行性骚扰；作决定时不计个人得失；提供高质量的产品及服务。

　　在学习一个职业或公司的行为规范之后，你可能会把其中的一些想法写在自己的职业道德规范上。在个人规范中还应包括为了继续前进，在多大程度上可以违反哪些规定？对哪些自己不能做的事情要有规范？能否把别人的想法归为己有？背后中伤他人是否妥当？为了取悦某个关键人物而对无趣的笑话能否发笑？

　　多数有正义感的人已经知道像接受贿赂、说谎和对他人进行性骚扰这类行为是不对的。道德规范能帮助你巩固认识，还能帮助你成为一名地道的合法公民。结果，你的领导形象就会得以提高。

　　2.养成言行一致的管理习惯。从长远看，信任领导的员工更易获得满足并且表现良好。获得员工信任的首要因素便是表现出你的意图与行为的一致性。

一位总裁说："别担心，这次合并不会导致工作机会减少。"如果随之而来的是裁员，那么这位管理者将不会再得到信任。裁员本身并不会有损于信任，但虚假的许诺会丧失信誉。

管理实践中，言行一致是起码的道德。管理者们可以通过以下几方面来培养这种素质。

第一，跟员工们作出承诺后，尽量使公司行政管理工作透明、公开化，使员工了解到公司财务等相关信息，让他们清楚公司战略，利润来源以及其他员工希望了解的信息和关注的利益信息。这样可以减少员工对公司财务的猜疑和忽视，提高可信度和士气。

第二，避免混淆的消息。传播一贯性信息的领导最受信任。

第三，获取有关你的意图和行为是否一致的反馈。问一些集中的问题，如"我有没有什么许诺没有兑现"。

第四，记录你对员工的许诺，看自己是否言行一致。

第五，要求员工做到的，先要求自己做到。在强调企业内部搞好团结之外，首先领导者应该是一个宽以待人、善于交际的人。

第六，诚以待人，不要实行双重标准。如果你指责下属浪费集体资源，那你自己就不要将自己的办公室装饰得太奢华。不要像麦克尔·欧维茨那样，他担任迪士尼集团老总时，在公司里大肆宣传节俭，他自己却雇用六位秘书。结果，迪士尼的许多员工根本就不欢迎他。

此外，将企业伦理文化建设与制度机制建设相结合，也是道德管理的一个有效手段。管理者若能将二者有效结合起来，将思想理念、价值目标和价值判断、道德规范转化为企业机制，就能使道德管理贯穿于企业运营之中，企业才不至于被"道德沦丧"的毒药伤及命脉。

惩一儆百

孙子深谙杀鸡儆猴之道，当年携兵书见吴王，训练宫女，怒斩二宠姬，使得众宫女听令遵纪，用的就是抓典型，开杀戒的方法。管理者要贯彻自己的意图，发挥下属的整体优势，就需要有统一的行动、统一的意志。而统一的行动、统一的意志，需要靠严明的法纪去实现，靠威严的治理手段去巩固。倘若指挥不灵，兵不服将，将不从帅，整个组织系统就成了一盘散沙，管理机器就很难保持正常运转，实现管理目标也就成了一句空话。所以，必要时必须惩治个别典型，以警告其他下属，使他们遵纪守法，服从指挥。

此即"牺牲个别人，拯救整体"的抓典型的做法。如果责备整个团队，将会使大家产生每个人都有错误之感而分散责任。同样地，大家也有可能认为每个人都没有错。所以，只惩戒严重过失者，可使其他人员心想："幸亏我没有做错。"进而约束自己尽量不犯错误。

古人云："劝一伯夷，而千万人立清风矣。"同样的道理，对众多不听话的下属，你不可能全部惩罚，抓住一个典型，开一开杀戒必可使千万人为之警觉畏惧，这就是"惩一儆百"之所以有效的道理所在。

案例陈列

《左传》中记载了孙武训练宫女的事情。孙武见吴王阖闾时，与他谈论带兵打仗之事，说得头头是道。吴王心想，光纸上谈兵管什么用，我要看看他实际本事如何。吴王便交给孙武一个任务，让孙武替他训练姬妃宫女。孙武接下了任务。

他从宫中挑选出一百名宫女，让吴王的两个宠妃担任队长。他将列队操练的要领讲得清清楚楚，要求宫女们照做。然而等正式操练时，这些一向娇生惯养的女人笑作一堆，乱作一团，谁也不听他的。孙武再次讲解了要领，并要两个队长以身作则。但他一喊口令，宫女们照旧满不在乎，两个当队长的宠妃更是笑弯了腰。孙武发作了，严厉地说："这里是演武场，不是王宫。你们现在是军人，不是宫女。我的口令就是军令，不是玩笑。你们不按口令训练，两个队长带头不听指挥，这就是公然违反军法，理当斩首！"说完，叫手下将两个宠妃当众斩首。

场上顿时一片肃静，宫女们吓得谁也不敢再出声。当孙武再喊口令时，她们步调整齐，动作规范，最后成了训练有素的军人。

妙语新悟

在实际管理工作中，管理者也时常会遇到这样的情况：纪律涣散，人心浮躁，团队没有战斗力，就像一盘散沙。管理者要对这样的部门进行治理，就必须具备铁腕，拿出果敢的精神，对为首者加以严惩，而且事不宜迟，越快越好。倘若在这种情况下还瞻前顾后，害怕得罪人，避免面对人事冲突，任由局势继续恶化，最后还是难辞其咎，根本就不可能两全其美。假如管理者在这种情况下姑息养奸，只能说明他缺乏魄力，是一位不称职的管理者。

当然，若对下属都不听话的，管理者也不可能全部惩罚，而应因人而异。此时，抓住一个典型开一开杀戒，就可以使众人为之警觉畏惧。

比如，若某个部门效率不高、业绩不好，如果批评整个部门，那么其中勤勉工作的人就会心生不满，从而丧失工作热情。同样地，大家也有可能认为每个人都没有错。而只惩戒严重过失者，可使其他成员心想："幸亏我没有做错"，进而约束自己尽量不犯错误。所以，为了整顿部门内部涣散的士气，有时不妨刻意制造一点紧张的气氛，大胆运用"抓典型"策略。这是一个非常有用的震慑手段，也是一种有效的管人权谋。

在任何团体中，皆有扮演"典型"角色的人存在。这个角色绝非每个人皆能胜任，必须选出一位个性适合的人。他的个性要开朗乐观、不钻牛角尖，并且不会因为一点琐事而意志动摇，如此方能用于此项"任务"。

管理者应避免选用容易陷于悲观情绪，或者太过于神经质的人。若错误地选择了此种类型的下属，往后将带给你更多的困扰。

在惩治捣乱分子时，可采取以下几个办法。

1. 严惩为首作害者。如果某个部门已经暴露出了无序的苗头，管理者就应该注意观察，找出其中的核心人物，抓住其以身试法者，并从速从严予以处置。这样做有两个好处，第一，第一位只有一个人，容易处置；第二，第一位胆量大、影响坏，若不及时处理，便会有效仿者紧随其后。处理第一位能够起到杀一儆百的作用。

2. 对作乱行为严重者酌情对待。如果同时碰到好几位违纪违规者，应当缩小打击面，重点惩处情节严重、性质恶劣、影响最坏者。其他的给予适当的批评教育就行。如果不加选择，一律照打，第一，由于打击面过宽，达不到"警"的目的；第二，会影响工作；第三，树敌太多，影响你的威信。只有有选择地重点打击，才能切实收到效果。

3.惩处资历老的员工或干部人物。老员工或肩负重任的干部权威大，影响力大，先惩处他们，能对其他追随者起到震慑作用，更能对普通职员起到警告作用。有实绩的人或部门主管都被惩处、指责，其他职员能不感到紧张而加倍努力工作吗？

4.惩处注意适度，照顾被惩处者的情绪，要使对方心服口服。惩罚虽然无情，但管理者在使用这一手段时，也要考虑到对方的情绪。应当注意：第一，惩处方式不能过于偏激，要留有余地，能被对方接受；第二，惩处要有理有据，根据纪律规定、制度来执行，使被惩处者心服口服，无话可说。

5.惩处要恩威并用，"抓典型"只是管理上的一种手段，但不是唯一的手段，它不是以打击报复为目的的。所以，还须辅之以"恩"的手段，软硬兼施。这样，能使被惩处者在被"杀"的同时，又感受到了一些关爱。对管理者而言，铁腕政策得到了实施，又笼络了人心，还树立起了一个可畏可敬的形象。

6.要注意频率和次数，此法不能用得太多、太频繁，否则，会引起下属们对你的不满，甚至认为你只会处罚人、挑别人毛病，缺乏管理能力，从而从内心里看不起你，影响管理者的形象和权威。

在管理过程中，运用"抓典型"策略，对树立管理者威严、增强对下属的控制力具有十分显著的效果。

第十二篇

"火攻"说"管人"
明官不放无名火

《孙子兵法·火攻》篇中说："主不可以以怒而兴师，将不可以以愠而致战。""怒可以复喜，愠可以复悦；亡国不可以复存，死者不可以复生。故明君慎之，良将警之，此安国全军之道也。"

传统意义上，火是指焚烧实物的东西，而在这里，火还有另一种意义，那就是人心头之火。这种火最为可怕。心头有火，可以怒发冲冠，也可以流血五步，相对于"实火"而言，更加难以控制。作为领导者，注意防范心头之火尤为重要。因为心头有火，就可能失去理智，肆意"放火"，随意指责，伤人又伤己。

火可以发，但要适度

孙子反对以怒兴师，因为怒上心头便理智易失。人一旦失去理智，又何谈带兵作战得胜而归？管理者在工作中，不免有生气发怒的时候，而所发之怒足以显示管理者的威严和权势，对员工构成一种令人敬畏的风度和形象。应该说，对那种"吃硬不吃软"的员工，适时发火施威，常常胜于苦口婆心和千言万语。

上下级之间的感情交流，不怕波浪起伏，最忌平淡无味。数天的阴雨连绵，才能衬托出雨过天晴、大地如洗的美好。

老练的管理者在这个问题上，既敢于发火震怒，又有善后的本领；既能狂风暴雨，又能阳光明媚。当然，尽管发火施威有缘由，毕竟发火会伤人，甚至会坏事，管理者对此还是谨慎对待为好。

案例陈列

后藤清一是三洋机电公司副董事长。在那之前他在松下公司任过职。有一次，因为犯了一个不该犯的小错误，他惹恼了松下先生。他被松下召进办公室，只见松下拿着一只火钳，正气急败坏地敲击桌子，接着对后藤大发雷霆。被训的后藤正欲悻悻离去，松下说道："等等，刚才因我太生气了，不小心将这火钳弄弯了，所以麻烦你费点力，帮我弄直好吗？"

后藤无奈，只好将火钳拿回自己办公室。因为心中气恼，他也拼命拿着火钳敲打桌面，他的心情随着这个动作也逐渐归于平稳。当他把敲直的火钳交给松下时，松下看了看说道："嗯，比原来的还好，你的手真巧！"然后高兴地笑了。

先是一顿责骂，接着以题外话来称赞对方，这是松下用人的高明之处。然而，更为精彩的还在后头呢。后藤走后，松下悄悄地给后藤的妻子拨通了电话，对她说："今天你先生回家，脸色一定很难看，请你好好地照顾他！"

本来，后藤在挨了松下一顿臭骂之后，决定辞职不干了，但松下的做法反使后藤佩服得五体投地，决心继续干下去，而且要干得更好。

妙语新悟

善待下属，并不是说管理者不能发火，但发火要掌握好分寸。当下属触犯原则性问题或其他重大错误，却抵触来自上级的批评教育，那么领导者必须以发火压住对方。况且，管理者确实为员工着想，而员工又固执不从时，管理者发多大火，员工也会明白理解的。当然，在发火的过程中应注意以下几点。

1. 发火不能过头，不要把话说过头，把事做绝，而要注意留下感情补偿的余地。有作为的管理者都是一言九鼎。在大庭广众之下，一旦不当的话语出口，则事后只会使自己骑虎难下，难以收场。所以，发火不应当众揭短、伤人之心，导致事后费许多力也难挽回。

2.发火时说话应虚实相间。这得根据实际情况和员工的不同情况来定。有的下属当众说服不了他，或不便当众劝导他，不妨对他大动肝火。这既能防止和制止其错误行为，也能显示出管理者运用威慑的力量，设置了"防患于未然"的"第一道防线"。但对有些人则不宜真动肝火，而应以半开玩笑、半认真或半俏皮、半训诫的方式去进行，虚中有实、语意双关，使对方既不能翻脸又不敢轻视，内心往往有所顾忌——假如上司认真起来怎么办。

3.别为发火而发火，轻易不发火，发火就能让人服气。大事上可以发火，小事则应当随和，时间长了，管理者才能在员工中树立起令人敬畏的形象。日常观察可见，令人服气的发火总是和热诚的关心帮助联系在一起的。管理者应在员工中形成"自己虽然脾气不好但心肠热"的形象，从而使发火得到人们的理解和赞同。

管理者发火的目的之一是显示威信，但要注意发火的程度。发火总是会伤人的，只是有轻有重而已。管理者对不同的下属要把握好度，发火伤人之后更要及时善后，以防施威未成反招下属怨恨。

间接地指出错误

孙子对罚持慎重态度，慎重的一个侧面就是含蓄、委婉。对于现代管理者而言，在一些特定条件下，批评他人、指出别人工作中的错误和疏漏不能过于直接，因为那样容易造成对抗情绪，从而导致他错上加错。而委婉的批评、善意的指导则容易让人接受。有许多人在真诚地赞美之后，喜欢拐弯抹角地加上"但是"两个字，然后开始一连串的批评。举例来说，有人想改变孩子漫不经心的学习态度，很可能会这样说："杰克，你这次成绩进步了，我们很高兴。但是，你如果能多加强一下代数，那就更好了。"

原本受到鼓舞的杰克，在听到"但是"两个字之后，很可能会怀疑到原来的赞美之辞。对他来说，赞美通常是引向批评的前奏。如此，不但赞美的真实性大打折扣，对杰克的学习态度也不会有什么助益。

如果我们改变一两个字，情形将会大为改观。我们可以这么说："杰克，你这次成绩进步了，我们很高兴。如果你在数学方面继续努力下去的话，下次一定会跟其他科目一样好。"

这样，杰克一定会接受这番赞美了，因为后面没有附加转折。由于我们也间接提醒了应该改进的注意事项，他便懂得该如何改进，以达到我们的期望。

间接指出别人的错误，比直接说出口来要温和，且不会引起别人的强烈反感。玛姬·贾可布有次谈到，她如何使懒散的建筑工人养成良好的事后清理的好习惯。

案例陈列

贾可布太太请了几位建筑工人来修缮、加盖她的房屋。刚开始几天，每次她来到房子里的时候，总看到院子里到处是木屑，一片狼藉。她心中有些不满。但那些建筑工人都是技术很优秀的人，贾可布太太不会直接表达自己的不满，怕引起他们的反感，她想到一个委婉的办法。

等工人们下班离去之后，她和孩子把所有垃圾清理干净，让院子里恢复井井有条。第二天早上，她把工头叫到一旁，悄悄对他说："我很满意昨天你们把前院清理得那么干净，没有惹得邻居们说闲话。"从此以后，工人们每天完工之后，都把木屑堆到院子角落里，领班也每天检查前院有没有维持整洁。

妙语新悟

我们知道，管教孩子的方法可分"限制"和"要求"两种。孩子在餐厅吵闹时，大人大声吼住是限制管教。这方法虽能吓阻孩子的行为，却会让孩子感到无所适从。相反，斥责后再指示该怎么做，便属于后者——要求管教。

美国的心理学家以8岁的孩子为对象，调查孩子的上进心与幼儿期的管教方式的关系。结果显示，有上进心的一组孩子均是接受要求管教而成长的，而缺乏上进心的孩子自小到大完全是接受限制管教。

为什么接受限制管教而长大的孩子干劲低落？因为行为受限制，自然会产生不满，使向上精神降低。行动被禁止或抑制，是表示欲求遭受阻碍，这会使人失去意愿，也会缺乏去改变行动的积极精神。限制管教法用久了，孩子便会丧失上进心。

只要能汲取这点教训，对提高批评效果会有所助益。因为大多数的领导都误以为批评就是管理，也以为不常常批评部下反而会被部下轻视，所以，为表示自己的地位高于部下，便以批评作为管理的重要手段。

像这样以批评来惩罚部下，到最后不免会削弱部下的干劲。因为人的大脑部分刺激，将会波及四周，而想起过去发生的许多事，且会无限扩大，使人感到犹如被绳子勒紧脖子一般。如此将会使部下的欲求不满，上进心也随之减弱。基于这点，批评人之际，首先要确定批评内容，在脑海中先演示批评的经过情形，才能增加批评效果。

所以，作为管理者，当下属犯错而必须批评之时，我们应该注意：

1.批评要对事不对人；2.万不可伤害下属的自尊；3.将怒火控制在合理的范畴之内。

以下则是一些间接批评的方法，提供给大家以做借鉴之用：

1.旁敲侧击，给其暗示。2.逐步深入，循序渐进。3.用语婉转，予以启发。4.褒贬结合，欲抑先扬。

下属的错误是管理者需要经常面对的问题，而批评则是一种负强化激励手段，是对下属的错误行为给予否定，使之逐渐减弱、消退，以改正错误。管理者在批评下属时应因人、因事而异，有时需要坦白指出来，有时则需要迂回一下、委婉一点。两者的区别和火候需要管理者用心揣摩才行。

当众莫发火

孙子劝告君主、将帅要压制自己的怒火，因为这火过之后，伤人又伤己，是故他认为，聪明的领导者一定会将自己的"火"控制在合理范围。人都是要面子的，尤其是在大庭广众之下。有一些管理者总喜欢不分场合地对手下的部门负责人指手画脚，当众呵斥，动辄发脾气，把下属人员置于难堪的境地。他以为这样做会激发员工发挥更大的能动性，通过羞辱行为教育下属人员，以为这样才能体现自己的威严。这样做虽然对下属人员一时会奏效，但却不能长久下去，因为它会造成人为的心理紧张，对人的自尊心是一种极大的伤害。即使下属人员当时被迫接受了管理者的责备，但内心深处却留下了一个阴影。不断地被斥责，阴影会越来越大，终于会有一天爆发出来，使管理者与下属人员矛盾激化。更有可能的是，下属人员产生的自卑心理会越来越强，意志会日益消沉，尤其是年轻人，还会自暴自弃。这对用人、激励人是没有任何好处的。

有一个经理到车间检查产品质量，发现次品超过了规定比例，便对一名主管大声斥责："喂，你是怎么搞的？竟然弄出这么多劣质产品！你不知道公司最大的竞争力就是严把产品质量关吗？抓紧把质量搞上去。你再这样不负责的话，下个月别干了。"除了他以外，在场的所有人都很气愤。

这样当众训斥人不但会使被斥责者十分气愤，而且还会使在场的每一个人都感到十分尴尬，感到自己有朝一日也会有同样的下场，于是人人自危。同时，这样做还有可能导致员工怀疑其上级的能力。这样，他作为一名管理者所能发挥的作用就小了，其自尊心也会受挫伤，致使他从此疑虑重重。经理这样愚蠢地处理问题，只能使问题更加严重。经理不应该当众批评下级人员，而应私下同他研究质量问题，这样既能使产品质量问题得到正当的解决，又能保护下属员工旺盛的士气，对各方面都有好处。

案例陈列

陶行知先生担任育才学校校长的时候，曾经发生过这样一件事。一天，陶行知在校园里行走，偶然看到学生王友用泥块砸自己班上的男同学，当即制止了他，并让他放学后到校长室。

等陶行知回到办公室，王友已经等在办公室里好一会儿了。王友做好了挨训的准备。可陶行知并没有大发雷霆，而是掏出一块糖给王友，和颜悦色地说："这是奖给你的，因为你准时，而我却迟到了。"王友惊讶地接过糖。接着，陶行知又掏出一块糖放到他的手上："这第二块糖也是奖给你的，因为我让你停止打人时，你立即照做了。这说明你很尊重我，所以应该奖你。"王友瞪大了眼睛。很快陶行知又递过来第三块糖果："我调查过了，你之所以打那个男生，是因为他不遵守游戏规则，欺负女生。你打他，说明你很正直善良，且有跟坏人作斗争的勇气，所以还应该奖励你。"王友感动极了，他流着泪后悔地说："陶校长，我错了，你惩罚我吧！他是我的同学，不是坏人，我不应该打他。"陶行知满意地笑了，又掏出了第四块糖递过来："不用我指出，你就能正确地认识自己的错误，我要再奖励你一次。我的糖发完了，我看我们的谈话也该结束了吧！"说完，他让王友离开了校长室。

妙语新悟

很显然，正是因为陶行知先生对王友进行了私下批评，才使师生之间建立起平等对话的氛围，从而拉近彼此的心理距离。试想，倘若他当时若是怒火中烧地直接进行严厉批评，还会收到这种教育效果吗？

所以说，管理者在下属犯错时，应注意多运用间接批评，它至少会给你的管理工作带来以下三大好处。

1. 一般不会挫伤下属的自尊心。有些人自尊心较强，性格敏感，尤其受不了当众丢面子。间接批评注意了这一点，能避免伤及下属的面子，不至于使其产生抵触情绪，甚至是引发顶撞事件。

2. 能使下属通过自我意识认识到错误，促进其自动自觉地改正缺点。

3. 使下属改有标准。批评的目的不仅在于使下属认识到错误，更重要的是使下属改正错误，所以，给下属确立一个正确的标准是十分重要的。

当然，间接批评并不是要管理者放弃批评。事实上，一些管理者由于过度地评估了批评的弊端，于是就尽可能多地采用表扬方式进行管理。这种做法显然是不正确的。须知，称赞固然能够鼓舞士气，但当下属的确犯了错误，该责备的仍要责备。如果责备有方，犹如快马加鞭，下属会将此作为鞭策、作为动力，从而干劲十足。倘若下属在工作中出现失误，上司要斥责他、批评他时，一定不要当着众人的面批评他。因为如果当众斥责他，会使他觉得脸面无光，无地自容，会使他觉得上司太不赏识他、不尊重他。

一个成功的管理者，当他的下属犯了错误时，他会选择适当的方式，如私下里面对面对下属提出批评。这样，下属会感激万分，因为他清楚，上司不仅给了他面子，而且还给了他机会。知恩必报，以心换心，下属会更加努力，做出好成绩来报答上司。

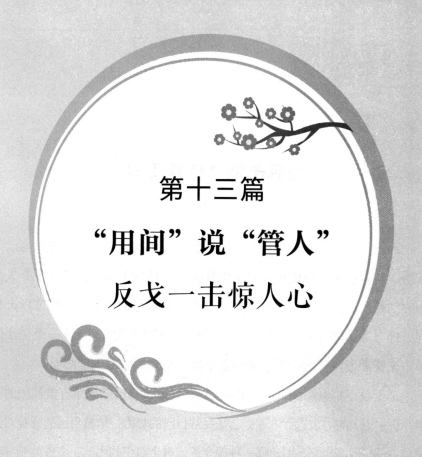

第十三篇
"用间"说"管人"
反戈一击惊人心

孙子兵法最后一篇"用间"旨在阐述"用间"之法。所谓"间"即"奸"也,可以理解为坏的东西。孙子认为,能够识奸、防奸、令奸为我所用,是明君贤将必备的素质,也是战争获胜的重要条件之一。

当然,在今天,于管人一事而言,我们似乎不需要再使用"间谍",也完全没有这个必要。但是,对于识奸、防奸、除奸的方法,我们则一定要做到心中有数,要具有反戈一击、惊心动魄的威慑力,让团队中的不安分子胆战心惊,如此你才能够更好地管理下属,保证工作顺利进行。

彻底击垮"特殊王国"

孙子"用间"的根本目的在于拆散一个团伙，以消除对方对自己的威胁。其实在现代管理中，员工组伙抱团，抵抗上司，仍是一个令人头痛的问题。在很多的企业中，员工都有拉帮结派的现象。他们或以来自同一地方为区分标准，或以不同的工作部门为分界线，形成一个个小圈子。这些形形色色的小圈子是企业维持平衡局面的最大绊脚石。

部下拉帮结派，目的无外乎两个：一是形成自己的派系打击其他的同事，积累更大的力量进行内讧；二是经营自己的势力，培植自己的死党对抗领导，伺机取而代之。不论哪一种都会危害整个组织的团结，会威胁领导者的权威。所以，领导者绝不能容忍小圈子的发展，一定要坚决地把它砸烂！

对待小圈子，管理者绝不能听之任之，保留了他们的权威也就相当于削弱了自己的权威，无异于自杀行为。因此，对于结党营私的属下，明智的管理者一定会毫不留情地砸烂它。

案例陈列

双星集团总经理汪海在创业过程中就曾遇到过类似问题。

当时，企业的组织机构存在严重问题，27个科室中，能干实事的寥寥无几，且大多效率低下、管理不善，因此，进行机构改革裁减冗员势在必行。

但改革的主张首先受到了来自安全科的挑战。安全科势力很大，一个科室就占用一层楼，科员们个个待遇优厚。其地位之所以如此，原因在于这里的二十多个人大多是领导的子弟亲属，后台较硬，被人称为"特殊王国"。对此，其他员工的意见一直很大。

汪海知道安全科很有背景，但如果容忍安全科我行我素、目中无人，那么自己以后的工作将很难开展，其他员工也不会服气。于是他打算拆除安全科的小圈子，彻底击垮这个"特殊王国"。

汪海下令，限安全科于第二天下午6点前将其占用的楼层腾空，搬到指定的三间房子里。他知道这道命令必然会招来安全科强力抵制。

果然，安全科的诸位特权者连夜开会，商量对策，决定"集体上诉"，到上级部门去告汪海的状。到了第二天中午，他们仍然不肯搬迁，与汪海保持着僵持状态。

汪海知道这小圈子的实力，也知道自己可能会因此而得罪某些上级领导，但为了企业利益，为了自身命令的有效性，他没有退却。

汪海马上召集党组会议，决定如果安全科再不搬迁，就罢免其领导。这一招果真灵验，谁都不愿丢了自己的乌纱帽，科长在即将宣布罢免令的最后一分钟终于屈服，开始搬迁。

从此，来自安全科的阻力被彻底破除了，其他科室在汪海改革之剑的寒光下也不敢再有任何抵制行为，规规矩矩地执行汪海的命令。机构改革的速度不断加快，为企业的生产创造了良好的条件。

妙语新悟

毫无疑问，"特殊王国"的能量和影响力是巨大的。汪海若不坚决地拆散它——安全科，那么他日后的管理工作必然会障碍重重。

大体来说，一个固定的"特殊王国"会为管理者带来如下麻烦。

1.传播流言飞语，破坏团队气氛。小圈子中人为达到某种目的，经常会道听途说或凭空捏造一些八卦新闻，再加上圈子内集体加工，制作成颇具煽动性的信息向外传播，严重影响团队的团结稳定，影响员工的士气。

2.对抗组织决策，干扰生产经营。商鞅变法的过程是何其艰辛，最后又功败垂成！为什么？就是因为顽固势力的极力反对。具有一定地位的员工组成的小圈子，为了维护其内部成员的利益，往往会对企业的一些决策强烈抵抗，甚至会采用各种手段，有组织、有计划地搞破坏。

3.增加企业内部矛盾。小圈子成员缺乏大局观及正确的团队意思。为了自身的利益，他们甚至会人为地制造摩擦，增加企业内部矛盾，造成内耗，极大地削减了企业凝聚力。

当然，小圈子的破坏力远不止于此，其对企业造成的负面影响更是不可估量。管理者在砸烂小圈子、清除内部团伙势力时，必然会遇到来自外部和团体自身的抵制和压力，这时管理者绝不能手软，一定要一打到底，不给其留有生存机会，否则复苏后的小圈子势力将更加膨胀。汪海在机构改革中面对"特殊小王国"安全科的抵制并没有退却，而是采取更加有力的措施将其逐渐击破，维护了企业的利益，也树立了自身的权威。

"小圈子"中的"小"不是指其能量小、人数少，而是针对它只为少数人谋私利，在组织上排斥大部分人，只注重自己内部的利益，不管全局的利益而言的。有时候，"小"圈子实际上人数众多，其成员大多占据要位，活动能量颇大。管理者一旦纵容和漠视小圈子的发展，任其势力膨胀而不加干预的话，那它就会持续扩张、割据一方，搞独立王国，甚至藐视领导，公然向最高管理者挑战。这种势力一旦形成的话，就很难处理小圈子和整个组织之间的从属关系了。小圈子于组织就好像肿瘤之于人体，一旦肿瘤恶性膨胀，就有吞噬整个机体的危险，就会威胁人的生命，所以，领导者千万不能容忍和忽视小圈子的存在和扩张。

此外，要注意的一点是，即使在一个公司中，经理也不要允许中层干部相互串通勾结或编织自己的一套体系，要坚决杜绝任何影响自己威信的行为。

曲径通幽

通观《孙子兵法》十三篇，其中充斥着"变"与"算"。变即机变、变通，算即算计、谋略。变通与谋略是现代管理者必不可少的领导素质。对于现代管理而言，管理方法并不是一成不变的，有时我们需要施以铁手腕，有时又必须和风细雨、曲径通幽。所以说，管理者要"善变"，要懂谋略，要方圆结合，方能使自己立于不败之地。

以铁腕处理棘手问题、管理下属可以迅速解决问题、不留后患。但这并不是说天天黑脸铁面、完全无情无义。铁腕在这里首先是态度的坚定果决，但具体的手段大可以温和一点，以曲径通幽的方式照样可以达到目的。

案例陈列

　　北宋建立，赵匡胤登上了皇帝宝座。但他心中并不踏实，连睡觉都不安生。自己通过陈桥兵变，夺得兵权，才攀上龙座，所以他深知兵权的关键性，也因此忧惧总有一天手下将领们模仿他的作为，发动兵变篡夺皇权。于是他下定决心把兵权抓在自己手里。

　　如何达到这个目的呢？赵匡胤没有大动干戈，而是采取了春风化雨的方式，并因此传为历史佳话。

　　禁军是宋朝中央军队，赵匡胤先后两次对禁军领导班子进行调整，使禁军更加效忠于他，他这才放了心。到了建隆二年（公元961年）的三月，他免去了中央禁军首领慕容延钊的殿前都点检职务，改任为南西道节度使，接着免去韩令坤的侍卫马步军都指挥使职务，改任成德节度使。殿前都点检一职自此废黜，赵匡胤将军队统帅牢牢握在自己手中，实现了皇帝亲握军权的目的。

　　这一系列动作后，宋朝禁军中，主要的高级将领职位都已为赵匡胤的兄弟、义兄弟和亲信把守。按理说，赵匡胤应该高枕无忧了。

　　然而赵匡胤没有。他还是认为这样不牢靠，历史上许多弑父屠子、兄弟相残的事件他并非不知道。那些陪自己打下天下的亲兄义弟，如今都手握大权，万一他们拥兵自重，推翻自己的政权岂非易事？

　　这就有了"杯酒释兵权"的故事。建隆二年（公元961年）七月的一天晚朝后，赵匡胤在宫中摆了一场酒席，宴请所有禁军高级首领。宴会进行到酒酣耳热之际，赵匡胤朝众臣们叹息道："若不是你们这些人出力扶持，我怎能做这个皇帝。不过我既做皇帝，就要做一个真正的皇帝。可是，做皇帝也真是太难了，自从我当了皇帝，就没有一天能睡上一个安稳觉。"

石守信等人听他如此说，大惑不解，忙问："皇上，二李既平，国泰民安，你怎么还睡不着觉呢？"

赵匡胤说："纵观历史，多少人守着皇权的诱惑。而今，也不知还有多少人想当皇帝啊。"

石守信和其他将领都诚惶诚恐，说："陛下怎么这样说呢？如今天命已定，我等都安心做你的臣子，谁还敢有异心呢？"

赵匡胤说："纵使你们不生二心，也难保你们手下的人不贪图富贵。假若有一天，你们的手下也将黄袍披在你们身上，你们就是不想当皇帝，也推辞不掉啊。"

听赵匡胤如此说话，石守信及其他将领吓得汗流浃背，统统跪在他面前告饶："臣等愚昧，不解圣意，该怎么做，请皇上指示。"

赵匡胤就说："依我之意，你们不如全卸去兵权，去大藩做节度使，置田兴宅，广积产业，饮酒作乐，痛快地过此一生，使我们君臣两小无猜。"

石守信和诸位将领都明白了皇帝的意思。第二天，诸将皆称疾不朝，各自上书请求辞去在禁军的职务。于是赵匡胤任命高怀德为归德节度使，出任宋州；任王审琦为忠正节度使，出任寿州；任张令铎为镇安节度使，出任陈州；任罗彦瑰为彭德节度使，出任相州；任石守信保留侍卫亲军马步军都指挥使，为天平节度使，出任郓州。

妙语新悟

老子说："圣人终不为大，故能成其大。"赵匡胤有这种智慧。释诸将兵权，本是一件很难很大的事，但他从其易、从其细，所以就顺理成章，水到渠成地完成了图难、为大之事。

其实，每个企业都有几个元老或者说是功臣，这些功臣用不好就是一块心病。在我国古代，帝王对待功臣不外乎三种态度：

1.为防功高害主，杀之——如朱元璋火烧庆功楼；

2.不忘旧情，又宠又敬，直至宠成祸害，危及自己——如隋炀帝对宇文化及；

3.有效管理，恩威并施，令其忠贞不贰、甘受驱使，永立新功。

很显然，第三种方法正是现代管理者所能借鉴的，由此我们为大家列举了一些有效驾驭功臣的策略，希望会对你有所帮助。

1.敲山震虎。亦可说"指桑骂槐"。即当功臣犯错时，不去直接批评他本人，而是借用历史教训或典故，对其晓以利害，在尽量不伤及彼此情感的前提下，起到敲山震虎的作用。但切记，虽是委婉，理定要说透，让他认识到自己的错误；"虎"要镇住，要抓住对方的要害。这样敲山，才能震得住"猛虎"。

2.恩威并重。即便是在惩罚之时，也要体现出自己对于下属的爱护和关心，要让下属意识到，自己之所以受到处罚，完全是上级的诚意挽救。这就要求管理需要做到严中有爱，罚不失恩，把握好惩罚的时机与尺度，并及时做好善后工作。

3.先责后抚。这是对善后工作的强调。功臣犯错时，管理者既要敢于斥责，又要及时做好善后工作，不仅要讲道理，更要讲感情，"使批评达到自我批评的目的"。

4.幽默批评。所谓幽默批评，即当功臣犯错时，领导者运用巧妙的艺术、幽默的语言，委婉地对他的错误提出批评，使批评在风趣的气氛中进行，促使功臣自动自觉地改正错误。

总而言之，管理者消除隐患的态度应该是坚决的，这是方之道；达到目的的手段则应该是灵活的，这是圆之道。赵匡胤的做法既去掉了心头之患，巩固了皇权，又不动声色，又不费力气，没有引起较大的动荡。看来，"曲径通幽"这一招实在是对领导之道中面方手圆策略的妙用。

让"反对派"为我所用

孙子认为："若能使敌国的人全部降服，这便是上策。"同理，能使下属全部敬服的管理者，才可以称之为高明的团队领袖。对于管理者而言，他的支持者越多，工作开展起来就越顺利。但不可否认的是，没有人会得到下属百分之百的支持。反对者的存在并不可怕，高明的管理者会以打拉结合的技巧去驾驭反对者，并尽可能地把反对者变成自己的拥护者。

案例陈列

林肯竞选总统时，有次在参议院发表演说。一位跟他持不同政见的参议员当众羞辱他道："林肯先生，在你开始演讲之前，我希望你记住自己是个鞋匠的儿子。"

"我的父亲早就过世了，我非常感谢你的提醒使我想起了他。我一定记住你的忠告，我知道我当总统无法像我父亲做鞋匠那样做得好。"林肯面不改色，平静地说。

整个参议院陷入了一片沉默。

林肯继续对那个傲慢的议员说："据我所知，我的父亲以前也为你的家人做过鞋子。如果你的鞋子不合脚，我可以帮你修改。虽然我不是伟大的鞋匠，但我从小就跟我的父亲学会了做鞋子的技术。"然后，他又对所有的参议员说，"对参议院的任何人都一样，如果你们穿的哪双鞋是我父亲做的，而它们需要修理或改善，我一定尽可能地帮忙。但有一点可以肯定，他的手艺是无人能比的。"

说到这里，现场所有人给予了真诚的掌声。

后来有人批评林肯总统："你为什么总试图让政敌变成朋友呢？你应该想办法打击他们，消灭他们才对。"

"我们难道不是在消灭政敌吗？当我们成为朋友时，敌人就不存在了。"林肯总统温和地说。这就是林肯总统消灭政敌的方法，将敌人变成朋友。

林肯的高尚人格几乎征服了所有美国人，他曾两度被选为美国总统。

妙语新悟

毫无疑问，林肯正是用他的机智与敏锐、宽容与大度征服了参议员，同时又征服了无数的美国人，让那些曾经反对过他的人都变成了自己的朋友，这也正是林肯总统的伟大之处。

当然，管理者若想将对手真正变成朋友，仅靠宽容是远远不够的，至少我们还要做到以下几点：

1.虚怀纳谏，勇担己过。一个管理者必须具备虚怀若谷的心胸、容纳诤言的雅量。遇到下属反对自己的事，要扪心自问，检讨自己的错误，并且在自己的反对者面前勇敢地承认。这不但不会失去威信，反而会提高权威。对方也会因为你的认错更加尊重你而与你合作。千万不可居高临下，压服别人，一味指责对方过错，从不承认自己不对。即使心里承认但口头上却拒不承认，怕失面子，这是不可取的，也是反对者最不能接受的。

2.弄清原因，对症下药。反对者反对自己的原因是多种多样的，只有弄清楚，方能对症下药。有的是思想认识问题，一时转不过弯来。对于这种反对者切不可操之过急，而应多做说服工作。实在相持不下，一时难以统一，不妨说一句："还是等实践来下结论吧！"有的下属反对管理者是因为管理者的思想或工作方法欠妥，脱离实际；或处世不公，失之偏颇。对于这种反对者，最好的处理方法就是从善如流，在以后的行动中自觉纠正。还有的反对者则是因为其个人目的未达到，或自己坚持原则得罪过他。对于这种人，一方面要团结他，另一方面要旗帜鲜明地指出他的问题，给予严肃的批评与教育，切不可拿原则做交易，求得一时的安宁与和气。总之，管理者要冷静地分析反对者反对自己的原因，做到有的放矢，对症下药。

3.不计前嫌，处事公道。这是一个正直、成熟的管理者的基本素质，也是取得下属拥护和爱戴的重要一条。反对者最担心、最痛恨的是管理者挟私报复、处世不公。管理者必须懂得和了解反对者这一心理，对拥护和反对自己的人要一视同仁,切不可因亲而赏,因疏而罚,搞那套"顺我者昌,逆我者亡"的封建官场作风。只有这样,反对者才能消除积虑和成见,与你走到一条道上来。

4. 严于律己,宽以待人。一个群体内部有亲疏之分,领导者与被领导者之间也是如此,无论你承认与否,这是不可否认的一个客观存在。因为在一个单位中总有一部分同事由于思想、性情、志趣与自己接近,容易产生共鸣,获得好感、赢得信任,这种亲近关系常会无意中流露出来。而那些经常反对自己的人,在一般人看来是不讨领导喜欢的,无疑与领导的关系是"疏"的。一个领导者与被领导者之间的"亲疏"是下属最为敏感的问题。如果一个管理者对亲近自己的人恩爱有加、袒护包容,而对疏远者冷落淡漠、苛刻刁难,那么团体内部必然产生分裂,滋生派系。正确的方法应该是亲者从严,疏者从宽。也就是说,对亲近者要求从严,而对疏远者则要宽容一点。这样可以使反对自己的人达到心理平衡,迅速消除彼此间的隔阂和对立情绪。

另外,管理者应学会关怀下属,情理并重。下属总有自身难解决的问题,需要管理者去协调、去解决。作为管理者理应关心他们的疾苦,绝不可袖手旁观,置之不理,尤其是要主动帮助那些平常反对过自己的人(这是沟通思想的好机会)。只要符合条件、符合政策,就应毫不犹豫地帮助他们解决实际问题。哪怕一时没办到,但只要你尽了努力,他们也会铭记在心,备受感动。只要你付出真情,自然会得到回报,他们就会变反对为支持。那么,你所领导的群体就一定会出现众志成城、生机勃勃的局面。